改訂版　聞いて覚えるポルトガル語単語帳

キクタン

ブラジル・ポルトガル語

【入門編】

基本500語レベル

アルク

はじめに
「キクタン ブラジル・ポルトガル語」とは

　単語を聞いて覚える"「聞く」単語集"，すなわち「キクタン」。

　「キクタン」シリーズはアルクの英語学習教材からスタートしました。音楽のリズムに乗りながら楽しく語彙を学ぶ"チャンツ"という学習法を採用し，受験生からTOEIC® のスコアアップを狙う社会人まで，幅広いユーザーの支持を受けています。

　本書は，この「キクタン」をベースとして，日常生活においてよく使われるであろう単語を厳選したものです。『キクタン ブラジル・ポルトガル語【入門編】』の例文，日本語訳の見直しを行い，音声をダウンロード提供した改訂版となります。

　ブラジルは，ラテンアメリカ最大の国土面積（世界第5位：8,515,000平方キロメートル*）やラテンアメリカ最大の人口（世界第7位：2億1,640万人**），およびアマゾンをはじめとする広大な大地から得られる天然資源の豊富さを基に，経済的に目覚ましく発展し，BRICSと呼ばれる新興経済国群の一つに数えられるまでに成長するに至りました。そのため，世界経済に多大な影響を与えるまでに成長したブラジルを，日本企業のみならず，世界中の多くの企業が経済活動の拠点とするようになりました。今後もこのような企業が増えるであろうことは容易に想像できます。

　加えて，国内へと目を転じれば，日本には数多くの出稼ぎブラジル人が滞在しており，ブラジル人のコミュニティーができあがっている地域もあります。そういった地域では，日々のコミュニケーションはもちろんのこと，役所などの行政機関，裁判所などの司法機関、小学校・中学校などの教育機関，警察などの治安機関，病院などの医療機関など，数多くの機関でポルトガル語を運用できる人材が求められているのです。

　本書は，他の「キクタン」シリーズとは異なり，最初に「発音」の章を設けています。これは，本書がブラジル・ポルトガル語を初めて学習する人を対象としていることに加え，最初に文字の読み方を覚えてしまえば，ほとんどの単語を読むことができるというポルトガル語の特徴を踏まえてのことです。

　また，本書では，暗記した単語が，実際の日常会話にすぐに活かせることを体験していただくために，各章が終了するごとに"Expressão"のページを設けています。さらに，ビジネスでも活用していただけるよう，付録の一つとして「ビジネス・ポルトガル語」のページを設けています。覚えるだけにとどまらず，ぜひとも皆さんの生活に活かせていただけたらと願っています。

　　＊『データブック　オブ・ザ・ワールド（2015年度版）- 世界各国要覧と最新統計-』（二宮書店）のp. 24 参照。

　　＊＊ United Nations Population Fund（国連人口基金）の作成したState of World Population report 2023（『世界人口白書2023』）https://www.unfpa.org/swp2023のデータによる推計人口によるもの。

だから「ゼッタイに覚えられる」!
本書の4大特徴

1
目と耳をフル活用して覚える!

だから、
ポルトガル語をリズムに乗って覚えられる!

リズム感あふれる音楽に乗りながら楽しく語彙の学習ができる「チャンツ音声」を用意。単語を耳で聞いて意味が分かるようになるだけでなく、思わず単語が口をついて出るほどしっかり身に付く単語帳を目指しました。

2
名詞や動詞はセットで覚える!

だから、
名詞の性や動詞の変化もスムーズに覚えられる!

本書では、名詞は冠詞とセットで聞くので、文法上の性も簡単に覚えられます。動詞は、使用頻度の高い3人称単数と1人称単数をセットにして音声に収録してありますので、活用形も効果的に身に付きます。

3
1日8語〜10語、約9週間のプログラム学習!

だから、
ムリなくマスターできる!

「絶対に覚える」ことを前提に、1日の学習語彙数を8語に抑えています(「発音」ページは10語程度)。本書1冊、約9週間で効果的・効率的にポルトガルの語彙を学習することができます。

4
「発音」や「付録」も充実!

だから、
すぐに使える!

品詞ごとの語彙学習の前に、ポルトガル語の発音についてのページを用意し、効果的に学べるよう編集されています。さらに、「サッカー用語」や「ビジネス・ポルトガル語」などの付録も充実し、さまざまな場面で応用の利く、入門期の学習者にピッタリの学習書です。

本書とダウンロード音声の活用法

意味を覚えるだけでは終わらせない。
発音や活用もしっかりマスター！

見出し語

見開きの左ページには、学習語彙を掲載しています。

文法上の性→名詞

チャンツでは、「名詞」→「日本語」→「定冠詞＋単数形」→「定冠詞＋複数形」の順で収録されています。冠詞によって示される文法上の性ごと覚えてしまいましょう。

動詞の活用→動詞

チャンツでは、「動詞の原形」→「日本語」→「3人称疑問文」→「1人称肯定文」の順で収録されています。また、見出し語の下にある番号は活用のパターンを示しています。活用の全体については、「付録7-【動詞活用表】」（pp.109-115）を参照してください。

形容詞

チャンツでは、「形容詞男性形」→「日本語」→「男性形」→「女性形」の順で収録されています。

その他

チャンツでは、「単語」→「日本語」→「単語」の順で収録されています。

語注

関連語や注意すべき点について表記しています。

名　詞 **男**：男性名詞

　　　　女：女性名詞

　　　　名：男女同形で冠詞などによって性を区別するもの

動　詞 ③：動詞の活用パターン

形容詞 **女**：女性形

メ モ：一口メモ

関連語：派生関係にある語や語源を同じくする語など

イメージ：語の意味を捉えるためのイメージ

ポル：ポルトガルで用いられている表現

注 意：注意点

女性形：男性名詞に相当する女性名詞

男性形：女性名詞に相当する男性名詞

反 義：反義語

類 義：類義語

〔英〕：英語

〔羅〕：ラテン語

〔日〕：日本語

[複]：複数形

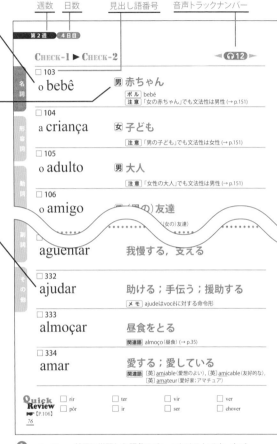

週数　　日数　　　見出し語番号　　音声トラックナンバー

第2週　4日目

CHECK-1 ▶ CHECK-2　　◀ 🎧12 ▶

□ 103
o bebê　　**男** 赤ちゃん
ポル bebé
注意「女の赤ちゃん」でも文法性は男性（→ p.151）

□ 104
a criança　　**女** 子ども
注意「男の子ども」でも文法性は女性（→ p.151）

□ 105
o adulto　　**男** 大人
注意「女性の大人」でも文法性は男性（→ p.151）

□ 106
o amigo　　男（男の）友達
（女の）友達

aguentar　　我慢する，支える

□ 332
ajudar　　助ける；手伝う；援助する
メモ ajudeはvocêに対する命令形

□ 333
almoçar　　昼食をとる
関連語 almoço(昼食)（→ p.35）

□ 334
amar　　愛する；愛している
関連語 〔英〕amiable(愛想のよい), 〔英〕amicable(好友的な), 〔英〕amateur(愛好家;アマチュア)

Quick Review
☐ rir　　☐ ter　　☐ vir　　☐ ver
☐ pôr　　☐ ir　　☐ ser　　☐ chover
🖝【P.106】
76

Quick Review 前日に学習した語彙のチェックリストです。左ページにポルトガル語、右ページに日本語を掲載してあります。（ページ数の書いてあるものは別）

ダウンロード音声には、聞いているだけで楽しくなる「チャンツ音楽」のリズムに合わせて、♪ "amigo" → "友達" → "o amigo, os amigos" ♪ というふうに、学習語彙が「ポルトガル語→日本語→ポルトガル語」の順で収録されています。

5 日目 第 2 週

CHECK-1 ▶ CHECK-2 〔🎧 13〕

□ 111
a idade 〔女〕年齢
> メモ 「何歳ですか?」は"Que idade tem?"または"Quantos anos tem?"
> メモ -dadeで終わるので「女性名詞」(→ p.152)

□ 112
o menino 〔男〕少年
> 女性形 menina(少女)

□ 113
o/a jovem 〔名〕若者
> 注意 性別に応じて冠詞が異なる(→ p.151)

□ 114
o .... 〔男〕(男の)老...
> 女性形...

Não posso ag........ te barulho.
(私はこの騒音を我慢できない。)

Ajude-me, por favor.
(私を手伝ってください。)

Almoço ao meio-dia todos os dias.
(私は毎日正午に昼食をとる。)

Tanto minha esposa como eu amamos muito nossos filhos.
(妻も私も子どもたちのことをとても愛している。)

Quick Review
☐ 笑う　☐ 持っている；所有する ☐ 来る　☐ 見る；見える、会う
☐ 置く、身につける ☐ 行く　☐ である　☐ 雨が降る

77

CHECK-1
該当の音声トラックを呼び出し、見出し語とその意味をチェック!
時間に余裕のある人は、語注の内容も押さえましょう。

CHECK-2
音声に合わせて発音練習!
自然なポルトガル語の発音を身に付けるため、カタカナ表記はしてありません。耳をフル活用してください。

CHECK-3
見出し語を含む例文・フレーズをチェック!
実践的な例に触れることで、理解度が高まります。

＊「発音・アクセント」「名詞」は例文を含まないため、CHECK-3 はありません。

＊音声には見出し語と訳のみが収録されています。

例文
ポルトガル語のコミュニケーションに役に立つ例文を集めました。文中の見出し語は赤字で示してあります。

付属チェックシート
本書の赤字部分は、チェックシートで隠せるようになっています。日本語の意味が身に付いているか確認しましょう。

生活スタイル別 3 つの学習モード

※学習時間はあくまでも目安です。時間に余裕があるときは、音声を繰り返し聞いたり、学習語彙やフレーズの音読を重ねたり、なるべく多く学習語彙に触れるよう心がけましょう。

聞くだけモード	しっかりモード	完璧モード
CHECK-1	**CHECK-1 ▶ CHECK-2**	**CHECK-1 ▶ CHECK-2 ▶ CHECK-3**
音声を聞き流すだけ!	発音もマスター!	やるからには完璧に!
学習時間の目安：1 日 1 分	学習時間の目安：1 日 2 分	学習時間の目安：1 日 10 分

目次

＊赤数字は見出し語番号を表しています

ダウンロード音声の利用に関するご案内

● **パソコンでダウンロードする場合**
下記の「アルク ダウンロードセンター」にアクセスの上、画面の指示に従って音声ファイルをダウンロードしてください。
https://portal-dlc.alc.co.jp/

● **スマートフォンでダウンロードする場合**
右の QR コードから学習用アプリ「booco」をインストールの上、ホーム画面下「さがす」から本書を検索し、音声ファイルをダウンロードしてください。
※商品コード（7024054）で検索してください。

発音・アクセント

※数字は、音声のトラック番号です

1. アルファベート (Alfabeto) ◀ 🎧01 ▶

ポルトガル語のアルファベートは以下の26文字です。

母音字	子音字				
アー A/a	ベー B/b	セー C/c	デー D/d		
エー E/e	エフィ F/f	ジェ G/g	アガー H/h		
イー I/i	ジョタ J/j	カー K/k	エリ L/l	エミ M/m	エニ N/n
オー O/o	ペー P/p	ケー Q/q	エヒ R/r	エスィ S/s	テー T/t
ウー U/u	ヴェー V/v	ダブリュー W/w	シース X/x	イプシロン Y/y	ゼー Z/z

◎ただし，K/k, W/w, Y/y の3文字は外来語だけに使われます。

CHECK-1 ▶ CHECK-2   ◀ 🎧02 ▶

□ 001

CD コンパクトディスク (CD)

メモ 〔英〕CD (**c**ompact **d**isc) から。

□ 002

DVD DVD

メモ 〔英〕DVD (**d**igital **v**ersatile **d**isc) から。

□ 003

PC パーソナルコンピューター；パソコン (PC)

メモ 〔英〕PC (**p**ersonal **c**omputer) から。

□ 004

UE 欧州連合 (EU)

メモ **U**nião **E**uropeia の略

CHECK-1 ▶ CHECK-2

□ 005

EUA

アメリカ合衆国（USA）

メモ　Estados Unidos da América の略

□ 006

FMI

国際通貨基金（IMF）

メモ　Fundo Monetário Internacional の略

□ 007

HIV

ヒト免疫不全ウイルス；エイズウイルス（HIV）

メモ　〔英〕HIV（human immunodeficiency virus）から。

□ 008

QI

知能指数（IQ）

メモ　Quociente de Inteligência の略

□ 009

DNA

デオキシリボ核酸（DNA）

メモ　〔英〕DNA（deoxyribonucleic acid）から。

□ 010

p.s.

追伸（p.s.）

メモ　〔羅〕post-scriptum の略

□ 011

a.C.

紀元前～年

メモ　antes de Cristo の略

□ 012

d.C.

キリスト紀元［西暦］～年

メモ　depois de Cristo の略

2．基本の発音：ローマ字読み

　ポルトガル語の発音は，基本的にはローマ字を読むように発音すれば OK です。正確には日本語の発音とは少し異なるところもありますが，その違いは気にせず，まずは音声をまねして，声に出して練習してみましょう。

- a：「ア」音
- e：「エ」音
- i：「イ」音
- o：「オ」音
- u：「ウ」音
- b：「バ行」音
- p：「パ行」音
- d：「ダ行」音
- t：「タ行」音
- m：「マ行」音 または「ン」音
- n：「ナ行」音 または「ン」音
- j：「ジャ行」音

◎ただし，アクセントのない語末の -o は「u」音。

CHECK-1 ▶ CHECK-2 ◀ 🎧03 ▶

□ 013

a batata　　　女 ジャガイモ

メモ 16 世紀に新大陸からヨーロッパに渡来

□ 014

o dedo　　　男 指

関連語 〔英〕digital（指で数えられる→デジタル）

□ 015

o tomate　　　男 トマト

メモ 16 世紀に新大陸からヨーロッパに渡来

□ 016

o pombo　　　男 鳩

関連語 pombo-correio（伝書鳩）

□ 017

o anjo　　　男 天使

関連語 〔英〕angel（天使）

3. f / v

ここからは，ローマ字読みとは異なる読み方をする文字を見ていきましょう。

まず，f と v は，下図1のように上の歯を下唇に軽く当てて発音します。このとき，声帯を振動させずに出した音が f，声帯を振動させて出した音が v です。f や v を発音する際に，下図2のように下唇を内側に巻いて発音する人がいますが，その必要はありません。

・f / v の字の発音

[図1：正しい発音の仕方]

[図2：間違った発音の仕方]

CHECK-1 ▶ CHECK-2

□ 018

a foto　　女 写真　　　　　　　　　　文法性注意！

メモ fotografia の短縮形

□ 019

o fim　　男 **終わり，目的**

関連語 〔英〕final（最後の），〔英〕finish（終える）

□ 020

a vida　　女 **生命，人生，生活**

関連語 〔英〕vital（生命の）

□ 021

o vento　　男 **風**

関連語 〔英〕wind（風）

□ 022

a ave　　女 **（鳥類としての／大型の）鳥**

関連語 pássaro（(小型の)鳥）(→p.51)

---

4. l

ポルトガル語のlの字の発音は，英語と同じように，舌先を上の前歯の根本に突き刺すようにして発音します。ただし，語末や音節末のlは「ウ」音になります。

・lの字の発音

原 則　舌先を上の前歯の根本に突き刺すようにして発音する。

◎語末／音節末のl：「ウ」音

CHECK-1 ▶ CHECK-2　　◀ 🎧04 ▶

☐ 023

a lata　　女 ブリキ，缶

メモ 「材質と製品との近接関係」から「ブリキ→缶」に意味拡張

☐ 024

o leite　　男 牛乳

関連語 café com leite（カフェ・ラテ）

☐ 025

a lua　　女 月

関連語 lua cheia（満月），lua nova（新月）

☐ 026

o papel　　男 紙，役割　　[複] os papéis

メモ 「役割」の意は役者のせりふを巻き紙に記したことに由来

☐ 027

alto　　形 高い

女 alta　　関連語 〔英〕altitude（高さ，高度）

5. s

　ポルトガル語では，s の字は原則として「サ行」で発音します。ただし、母音字間の s, または母音字と有声子音に挟まれた s の字は「ザ行」で発音します。また，母音字間であっても s が 2 つ挟まれている場合は，原則通り「サ行」音になります。

・s の字の発音

原　則　「サ行」音。

◎母音＋ s ＋母音：「ザ行」音

◎母音＋ s ＋有声子音：「ザ行」音

◎母音＋ ss ＋母音：「サ行」音

CHECK-1 ▶ CHECK-2

□ 028

o sapo　　　男 ヒキガエル

関連語 rã（(小型の)カエル）

□ 029

o lápis　　　男 鉛筆　　　[複] os lápis （単複同形）

関連語 lapiseira（シャープペンシル）

□ 030

a mesa　　　女 テーブル

メモ pôr a mesa（(テーブル〔a mesa〕を置く〔pôr〕)→ 食事の用意をする）

□ 031

o desvio　　　男 迂回，バイパス
　　　　　　　　　　うかい

イメージ 本来の道〔vio(＝via)〕から分離〔des-〕する

□ 032

a pessoa　　　女 人

関連語 〔英〕person（人）

---

6. r

「語頭の r」や「l, n, s の直後の r」および「rr」は,「日本語のハ行の強い音」，または「ふるえ音」(いわゆる「巻き舌」音)になるのに対し,それ以外の r は「たたき音 (日本語の「ラ行」とほぼ同じ音)」になります。ただし, 語末の r は「たたき音」だけでなく、「日本語のハ行の強い音」になることがあります。

・r の字の発音

① 語頭の r	「日本語のハ行の強い音」
② l, n, s の直後の r	または
③ rr	「ふるえ音 (いわゆる「巻き舌」音)」
④ ①−③以外の r	「たたき音 (日本語の「ラ行」とほぼ同じ音)」
⑤ 語末の r	「たたき音」または「日本語のハ行の強い音」

CHECK-1 ▶ CHECK-2　◀ 🎧05 ▶

☐ 033
o rato　男 （大型の）ネズミ

関連語 camundongo((小型の)ネズミ)

☐ 034
a honra　女 名誉，名声

関連語 〔英〕honor(名誉，名声)

☐ 035
a serra　女 のこぎり，山脈

メモ 「形状の類似」から「のこぎり→山脈」に意味拡張

☐ 036
amarelo　形 黄色の
女 amarela

メモ riso amarelo(苦笑い，作り笑い)

☐ 037
o amor　男 愛

関連語 amar(愛する;愛している)(→p.76)

7. c

cの字は，原則として「カ行」音で発音します。ただし，i，またはeが後続するときには，「サ行」音で発音します。

◎ ca, ci, cu, ce, co をwの字の形に書き，上下2つに分ける。このとき，上（ca, cu, co）が「カ行」音，下（ci, ce）が「サ行」音になる。

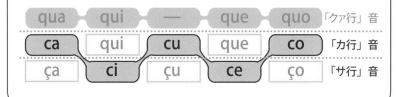

qua	qui	—	que	quo	「クァ行」音
ca	qui	**cu**	que	**co**	「カ行」音
ça	**ci**	çu	**ce**	ço	「サ行」音

CHECK-1 ▶ CHECK-2

□ 038

a cama

女 ベッド

関連語 cama de solteiro (シングルベッド),
cama de casal (ダブルベッド),
duas camas individuais (ツインベッド)

□ 039

o cubo

男 立方体，《数学》立方；3乗

関連語〔英〕cube (立方体，《数学》立方；3乗),
quadrado (正方形，《数学》平方；2乗)

□ 040

o copo

男 コップ

関連語〔英〕cup (カップ),
xícara ((コーヒー)カップ) (→p. 21), caneca (マグカップ)

□ 041

o cinema

男 映画館

関連語〔英〕cinema (映画館),
filme (映画)

□ 042

a cebola

女 玉ねぎ

関連語 cebolinha (ネギ)

---

8. qu-

　qu- に母音 -a, -i, -e, -o が後続すると，それぞれ「クァ」，「クィ」，「クェ」，「クォ」という「クァ行」音になります。このうち，qui, que だけは，それぞれ「キ」，「ケ」という「カ行」音でも読めます。ただし，qui や que を「クァ行」音で読むのか，「カ行」音で読むのかはつづり字から判断することはできません。これらは単語ごとに覚えるようにしましょう。

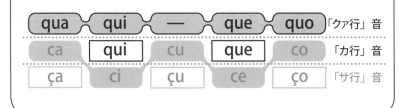

CHECK-1 ▶ CHECK-2　　　　　　　　　　　　　　◀ 🎧06 ▶

□ 043

o quadro

男 額，絵
関連語 quatro（4）
イメージ 四角（形）の物

□ 044

tranquilo

女 tranquila

形 静かな，穏やかな，安定した
関連語 〔英〕tranquil（静かな，穏やかな，安定した）

□ 045

frequente

形 頻繁な，よく起こる
関連語 〔英〕frequent（頻繁な，よく起こる）

□ 046

a equipe

女 チーム，部隊
ポル equipa

□ 047

a queda

女 落下，転倒，失脚
メモ 動詞cair（落ちる，降りる，転ぶ）（→ p.104）の名詞形

---

9. ç

　ç の字は，a, u, o を直後に伴って，それぞれ「サ」,「ス」,「ソ」の音で発音します。なお，i, e は ç の字の直後に来ることはありません。つまり çi, çe という形はないので注意してください。

　ちなみに，c の下に付いている記号（,）は「セディーリャ（cedilha）」と言い，ç の字は「セー・セディーリャ」といいます。

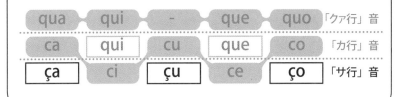

qua	qui	-	que	quo	「クァ行」音
ca	qui	cu	que	co	「カ行」音
ça	ci	çu	ce	ço	「サ行」音

Check-1 ▶ Check-2

☐ 048

a cabeça　　女 頭

> メモ 「形状の類似」から **cabeça** de prego（釘の頭）のように「物の上部／先端」の意も表す

☐ 049

a criança　　女 子ども

> 注意 「男の子ども」であっても文法性は女性（→ p.151）

☐ 050

o açúcar　　男 砂糖

> 関連語 〔英〕 sugar（砂糖）
> メモ アラビア語由来の語

☐ 051

o almoço　　男 昼食

> 関連語 café da manhã（朝食）(→ p.35), jantar（夕食）(→ p.35)

☐ 052

o endereço　　男 住所

> 関連語 〔英〕 address（住所）

---

10. g

gの字は，原則として「ガ行」音で発音します。ただし，i，またはeが後続するときには，「ジャ行」音で発音します。

◎ ga, gi, gu, ge, go をwの字の形に書き，上下2つに分ける。このとき，上（ga, gu, go）が「ガ行」音，下（gi, ge）が「ジャ行」音になる。

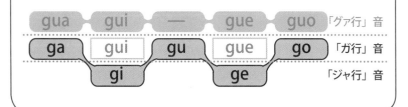

gua	gui	—	gue	guo	「グァ行」音
ga	gui	gu	gue	go	「ガ行」音
	gi		ge		「ジャ行」音

CHECK-1 ▶ CHECK-2 ◀ ⌂07 ▶

□ 053
o gato   男 猫
関連語 〔英〕cat（猫）

□ 054
o ângulo   男 角度
関連語 triângulo（（3つの〔tri-(=três)〕の角度〔ângulo〕を持った図形）→三角形）

□ 055
o figo   男 いちじく
関連語 〔英〕fig（いちじく），fígado（肝臓：フォア・グラを作るために，ガチョウに「いちじく」を餌として与えて太らせたことに由来）

□ 056
a girafa   女 キリン
関連語 〔英〕giraffe（キリン）

□ 057
a gente   女 人々，みんな，私たち
メモ ブラジルでは，しばしばnós（私たちが／は）の代わりに用いられるが，その場合でも動詞の活用は3人称単数形を使う

11. gu-

gu- に母音 -a, -i, -e, -o が後続すると，それぞれ「グァ」，「グィ」，「グェ」，「グォ」という「グァ行」音になります。このうち，gui, gue だけは，それぞれ「ギ」，「ゲ」という「ガ行」音でも読みます。ただし，gui や gue を「グァ行」音で読むのか，「ガ行」音で読むのかはつづり字から判断することはできません。これらは単語ごとに覚えるようにしましょう。

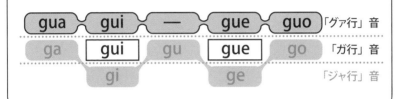

Check-1 ▶ Check-2

□ 058

a água　女 **水**
[関連語]〔英〕aquarium（水族館），〔英〕aqualung（アクアラング），〔英〕Aquarius（水瓶座）

□ 059

o/a linguista　名 **言語学者**
[注意] 性別に応じて冠詞が異なる (→ p.151)

□ 060

o/a bilíngue　名 **2言語使用者；バイリンガル**
[イメージ] 2つの〔bi-〕言語〔-língue（=língua）〕を話す人

□ 061

a preguiça　女 **怠惰，《動物》ナマケモノ**
[関連語] preguiçoso（怠惰な，怠け者）(→ p.68)

□ 062

o sangue　男 **血**
[関連語] sangria（サングリア：ワインに果実・砂糖・炭酸水などを加えた飲み物で，「抜き取った血」のように赤いことに由来）

12. h ／ ch- ／ lh- ／ nh-

ポルトガル語では，原則として h の字は読みません。ただし，ch-, lh-, nh- の形で用いられた場合，それぞれ「シャ行」音，「リャ行」音，「ニャ行」音で発音します。

・h の字の発音

原 則 読まない。

◎ ch- :「シャ行」音
◎ lh- :「リャ行」音
◎ nh- :「ニャ行」音

CHECK-1 ▶ CHECK-2　　　　　　　◀ 🎧08 ▶

□ 063

o hotel　　　男 ホテル　（発音注意！）　[複] os hotéis

注意 〔英〕hotelと同じつづりだが，hの字は読まない

□ 064

o hospital　　男 病院　（発音注意！）　[複] os hospitais

注意 〔英〕hospitalと同じつづりだが，hの字は読まない

□ 065

a chuva　　　女 雨

イメージ guarda-chuva（（雨〔chuva〕から身を守る〔guarda-(=guardar)〕もの）→ 傘）

□ 066

o alho　　　男 ニンニク

メモ cabeça de alho（ニンニク一玉），dente de alho（ニンニク一かけら）

□ 067

a unha　　　女 爪

関連語 cortador de unha（爪切り）

13. x

ポルトガル語の文字は，初めにその読み方を覚えれば，ほとんどの単語を読むことができるようになります。しかしながら，この x の字は，どのように発音するかを単語ごとに覚えなければなりません。何度も声に出して練習して覚えるようにしましょう。

・x の字の発音

① 語頭の x　　　　　→「シャ」行音
② 子音の前の x　　　→「サ行」音
③ en- ＋ x ＋母音　→「シャ行」音
④ ex- ＋母音　　　　→「ザ行」音
⑤ 母音＋ x ＋母音　→「シャ」行音，「サ行」音，「クス」音のいずれか

CHECK-1 ▶ CHECK-2

☐ 068

a xícara　　　　女 （コーヒー）カップ

関連語 xícara de café（コーヒーカップ），caneca（マグカップ）

☐ 069

a sexta-feira　女 金曜日

メモ sexta は「6 番目の」の意 (→ p.146)

☐ 070

a enxaqueca　女 偏頭痛
（へんずつう）

メモ "Tenho enxaqueca."（私は偏頭痛持ちだ）

☐ 071

o exame　　　　男 試験，検査

関連語 〔英〕examination（試験，検査），exam（試験，検査）

☐ 072

o peixe　　　　男 魚

メモ "Filho de peixe, peixinho é."（魚の息子は小魚；〔日〕蛙の子は蛙）

14. z

zの字は,原則として「ザ行」音で発音します。ただし,語末のzの字は「サ行」音で発音します。

・zの字の発音

原 則 「ザ行」音。

◎語末のz:「サ行」音

CHECK-1 ▶ CHECK-2　　　　　　　　◀ **🎧09** ▶

□ 073

a zebra

女 シマウマ

関連語 〔英〕zebra(シマウマ)

□ 074

o zero

男 0(ゼロ,零)

メモ 〔アラビア語〕şifr(空虚,ゼロ)に由来

□ 075

o azeite

男 オリーブオイル;油

関連語 azeitona(オリーブの実), oliveira(オリーブの木)

□ 076

o arroz

男 米;ご飯

関連語 〔英〕rice(米;ご飯)
メモ アラビア語由来

□ 077

feliz

形 幸福な

関連語 Feliz Natal!((幸福な〔feliz〕クリスマス〔natal〕を!)→ メリークリスマス!)

15. 開母音と閉母音

　ポルトガル語の母音には，口を大きく開けて発音する「開母音」と口を
あまり開けずに発音する「閉母音」があります。記述からはどちらか判断
がつかない場合もありますが，アクセント符号が付いている場合には，

　　①鋭音符（´）が付いている場合 →「開母音」
　　②閉音符（ˆ）が付いている場合 →「閉母音」

になります。

　また，i または u に鋭音符が付いた場合は単に強勢を表します。なお，i
に鋭音符を付ける場合は í ではなく，点を取ってから鋭音符を付けた í に
なるので注意。

Сheck-1 ▶ Сheck-2

☐ 078

a árvore

女 木

関連語 árvore de Natal（（クリスマス〔natal〕の〔de〕木〔árvore〕）
→ クリスマスツリー）

☐ 079

o café

男 コーヒー

関連語 café preto（ブラック・コーヒー），café com leite（カフェ・ラテ）

☐ 080

a avó

女 祖母

メモ 複数形 avós（祖父母）
注意 通常，男女混合を表す場合は男性の複数形を用いるが，「祖
父母」の場合だけはavó（祖母）の複数形を用いる（→ p.154）

☐ 081

o avô

男 祖父

注意 開音符（´）を用いたavóは「祖母」の意

☐ 082

a polícia

女 警察

関連語 policial（警察官）

---

16. 鼻母音

　これまで見てきた母音の発音は全て，呼気が口だけを通って発音される「口母音」です。しかし，ポルトガル語の中には，呼気が口だけでなく鼻からも通って発音されるものがあります。これを「鼻母音」と言います。

- **「口母音」と「鼻母音」**
  - ①呼気が口だけを通って発音される場合 →「口母音」
  - ②呼気が口と鼻とを同時に通って発音される場合 →「鼻母音」
    - （ⅰ）「ティル（˜）」と言われる記号が付いた母音
    - （ⅱ）-m または -n の直前の母音

CHECK-1 ▶ CHECK-2　　　　◀ 🎧10 ▶

□ 083

a maçã　　女 リンゴ

関連語 macieira（リンゴの木）

□ 084

tanto　　形 **それほど多くの**
女 tanta

関連語 tão（(tantoの副詞形)それほど；非常に)（→p.124)
メモ 意味的に〔英〕suchに相当
メモ 〔日〕「たんと召し上がれ」の「たんと」はこのtantoに由来

□ 085

o tempo　　男 時，天気

関連語 〔英〕time（時)，〔英〕temperature（気温，体温)

□ 086

cinco　　形 5（の）

関連語 quinze（15)，cinquenta（50)

□ 087

o mundo　　男 世界

メモ todo o mundo（世界中，全ての人たち，みんな)

17. 二重母音

2つの異なる母音が切れ目なく一息で発音されることで、1つの母音として認識されるものを「二重母音」と言います。母音は「強母音（a, e, o）」と「弱母音（i, u）」とに分けられますが、ポルトガル語で二重母音になるのは、「強＋弱」、「弱＋弱」の組み合わせのときです。

・二重母音

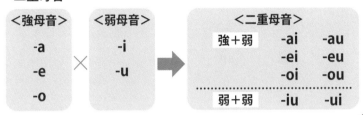

<強母音>	<弱母音>	<二重母音>		
-a	-i	強＋弱	-ai	-au
-e	-u		-ei	-eu
-o			-oi	-ou
		弱＋弱	-iu	-ui

CHECK-1 ▶ CHECK-2

☐ 088

mau

女 má

形 **悪い、まずい**

メモ mal は「悪く」を意味する副詞（→ p.120）

☐ 089

a lei

女 **法律**

関連語 〔英〕legal（法的な）

☐ 090

o museu

男 **博物館、美術館**

関連語 〔英〕museum（博物館、美術館）、〔英〕music（音楽）
メモ 「芸術の神々 Muse（ミューズ）の神殿」に由来

☐ 091

o boi

男 **（去勢した）雄牛**

関連語 touro（去勢していない雄牛）、vaca（雌牛）（→ p.36）

☐ 092

gratuito

女 gratuita

形 **無料の**

類義 de graça, grátis

18. 二重鼻母音

二重母音（→ p. 25）のうち, 鼻音化（→ p. 24）したものを「二重鼻母音」と言います。日本語を母語とする者にとってはなじみの薄い発音です。音声を聞きながら, 発音の練習を繰り返してみましょう。

・二重鼻母音

-ãe	-ão	-em	-õe
-ãi	-am	-ens	-ui

Снеск-1 ▶ Снеск-2　　◀ 🎧11 ▶

□ 093

a mãe　　女 母

関連語 〔英〕mother（母）, 〔英〕maternal（母の）

□ 094

a mão　　女 手　[複] as mãos　　文法性注意！

関連語 〔英〕manual（手引書）, 〔英〕manicure（マニキュア）

□ 095

ontem　　副 昨日

関連語 anteontem（（昨日〔ontem〕の前〔ante-〕の日）→ 一昨日；おととい）

□ 096

põe　　動 ～を置く, 身につける

メモ 他動詞 pôr（置く, 身につける）（→ p.106）の「直・現・3・単」形

□ 097

muito　　形 多くの
女 muita

関連語 〔英〕multitude（多数）
メモ 副詞の場合は「とても；非常に」の意（→p. 124）

19. アクセント

ポルトガル語のアクセントは「強弱アクセント」です。強勢のある母音は強く，少し長めに発音されます。ポルトガル語のアクセントの位置は，そのルールを覚えてしまえばほとんど分かるようになります。

《**アクセントのある母音の見つけ方**》

① アクセント符号（´, ^）がある
　→ アクセント符号がある母音にアクセント

② 語尾が　-a,　-o,　-e,　-em,　-am
　　　　　-as,　-os,　-es,　-ens
　→ 後ろから2番目の母音にアクセント

③ ① - ②以外
　→ 1番最後の母音にアクセント

◎ただし，二重母音（→ p.25）は，1つの母音として数える。

CHECK-1 ▶ CHECK-2

□ 098

o álbum 　　男 アルバム

関連語〔英〕album
メモ「〔羅〕album（白い）folium（葉→ページ）」の省略形に由来

□ 099

o ônibus 　　男 バス　　[複] os ônibus（単複同形）

ポル autocarro

□ 100

o homem 　　男 人間，男性

関連語〔英〕human（人間）
反義 mulher（女性）（→ p.32）

□ 101

o abacaxi 　　男 パイナップル

ポル ananás

□ 102

o futebol 　　男 サッカー　　[複] os futebóis

メモ〔英〕football をポルトガル語化したもの

Oi, ［相手の名前］！　　Tudo bem?
（やぁ，［相手の名前］！　　元気かい？）

例）**Oi, Mário!　　Tudo bem?**
（やぁ，マリオ！　　元気かい？）

"Oi!" は，英語 "Hi!" や "Hello!" に相当するあいさつ表現です。「オーイ！」と伸ばすのではなく，「オイ！」と一気に言い切りましょう。また，"Tudo bem?" は「元気？」の意を表します。こちらは語尾を上げて発音します。

単に "Oi! Tudo bem?" だけでもいいのですが，できる限り，相手の名前を呼んでください。名前を呼び合うことで，親しさがグンと増します。

答えるときには，男性であれば "Tudo bem, obrigado."（元気です。ありがとう。）と言います。女性であれば，語尾の -o を -a にした obrigada を用います。そして，"E você ？"（あなたは？）と聞き返しましょう。

それでは，以下（1）の Mário（♂）と Vanessa（♀）の会話を見てみましょう。

（1）Mário　　：　**Oi**, Vanessa!　　　**Tudo bem?**
　　　　　　　　　（やぁ，ヴァネッサ！　元気かい？）

　　　Vanessa　：　Oi, Mário!　　　　Tudo bem, obrigada.　　E você?
　　　　　　　　　（やぁ，マリオ！　　元気よ，ありがとう。　　あなたは？）

　　　Mário　　：　Tudo bem, obrigado.
　　　　　　　　　（元気だよ，ありがとう。）

ただし，調子が悪いときには，素直に "Não estou muito bem."（あまり良くないんです）や "Estou Mal."（調子が悪いんです）と言いましょう。

なお，ポルトガルでは表現が少し変わり，次の（2）のようなやりとりになります。

（2）Mário　　：　**Olá**, Vanessa!　　　**Como estás?**
　　　　　　　　　（やぁ，ヴァネッサ！　元気かい？）

　　　Vanessa　：　Olá, Mário!　　　　Bem, obrigada.　　E tu?
　　　　　　　　　（やぁ，マリオ！　　元気よ，ありがとう。　　あなたは？）

　　　Mário　　：　Bem, obrigado.
　　　　　　　　　（元気だよ，ありがとう。）

付録 –1：［あいさつ表現］ ◀ 🎧67 ▶

Bom dia.（おはよう（ございます））

◎**起床～昼食前まで**用いられるあいさつ表現。本来は "Que tenha **bom dia**!"（良い〔bom〕一日〔dia〕をあなたが持たんことを〔Que tenha〕！ → 良い一日があなたにあらんことを！）という祈願文であった。そのため，天気が悪かったり，ついていなかったりしたからといって，"Mau dia!" とは絶対に言ってはいけない。なお，会ったときだけではなく，別れるときにも用いられる。

Boa tarde.（こんにちは）

◎**昼食頃～日没まで**用いられるあいさつ表現。"Bom dia." と同様，会ったときだけではなく，別れのあいさつとしても用いられる。"Bom dia." の場合は bom となっているが，"Boa tarde." と次の "Boa noite." の場合は boa になっていることに注意。

Boa noite.（こんばんは）

◎**日没～就寝前まで**用いられるあいさつ表現。"Bom dia." や "Boa tarde." と同様，別れのあいさつや就寝時のあいさつとしても用いられる。

Muito prazer.（はじめまして）

◎初めて会ったときのあいさつ表現。prazer は「喜び」の意。つまり、"Tenho **muito prazer** em conhecê-lo [-la]."（私はあなたと知り合えて大変な喜びを感じています）という形が省略されたもの。

Até logo.（また後で）

◎ até は「…まで」，logo は「すぐに」の意。つまり，「またすぐに〔logo〕会うまで〔até〕→ また後で！」を意味する。また、logo の代わりに amanhã（明日）や próxima semana（来週）を用いると，"Até amanhã!"（また明日！）や "Até a próxima semana!"（また来週！）という表現になる。

Tchau.（バイバイ）

◎イタリア語のあいさつ表現 ciao が語源。

(Muito) Obrigado.（（どうも）ありがとう）

◎ obrigado[a] は動詞 obrigar（義務を負わせる，恩を着せる）の過去分詞形。日本語の「恩に着る」のニュアンス。自分が女性であれば，語尾の -o を -a にした "(Muito) Obrigada." を用いる。この言葉に対する返答表現としては，"De nada."（どういたしまして）と "Obrigado a você [ao senhor / à senhora]."（こちらこそ（ありがとう））とがある。

Desculpe.（ごめんなさい）

◎謝罪するときに用いられる表現。意味の面で，英語の "I'm sorry." に相当。人に話しかけたり，混んだ車内を通ったりする場合には，「許可を得る場合」に用いられる "Com licença." という表現を用いる。

付録 –2：［数］

0	zero	21	vinte e um, uma
1	um（男性）, uma（女性）	30	trinta
2	dois（男性）, duas（女性）	40	quarenta
3	três	50	cinquenta
4	quatro	60	sessenta
5	cinco	70	setenta
6	seis	80	oitenta
7	sete	90	noventa
8	oito	100	cem
9	nove	101	cento e um, uma
10	dez	200	duzentos, duzentas
11	onze	300	trezentos, trezentas
12	doze	400	quatrocentos, quatrocentas
13	treze	500	quinhentos, quinhentas
14	quatorze	600	seiscentos, seiscentas
15	quinze	700	setecentos, setecentas
16	dezesseis	800	oitocentos, oitocentas
17	dezessete	900	novecentos, novecentas
18	dezoito	1.000	mil （千）
19	dezenove	10.000	dez mil （一万）
20	vinte	100.000	cem mil （十万）

◎ um/uma と dois/duas には男性形と女性形がある。また, um/uma は不定冠詞と同形。

◎ 11 ～ 15 は［1〔on-〕～ 5〔quin-〕+ 10〔-zé〕］の構造。

◎ 16 ～ 19 は［10〔dez〕+〔e〕+ 6〔seis〕～ 9〔nove〕］の構造。

◎ 20 ～ 90 は［2〔v-〕～ 9〔nov-〕個の 10〔-enta〕］の構造。なお, 20 と 30 では, -enta はそれぞれ -inte, -inta となる。

◎ 21 以降は［10 の位の数 e 1 の位の数］の形で表す。

◎ ちょうど 100 の場合は cem を使い, 101 ～ 199 は［cento e …］の形を用いる。

◎ 200 ～ 900 は［2〔du-〕～ 9〔nove-〕個の 100〔=-cento/a〕+ 複数形の -s］の構造。 なお, 200 と 300 では, -centos の c- が母音で挟まれたことで有声化し, -zentos になる。また, 500 では, -c が脱落し, -entos となる。なお, 200 ～ 900 には男性 形と女性形がある。

名 詞

※数字は、音声のトラック番号です

CHECK-1 ▶ CHECK-2 　　　　　◀ 🎧12 ▶

□ 103
o bebê
男 赤ちゃん

ポル bebé
注意 「女の赤ちゃん」でも文法性は男性 (→ p.151)

□ 104
a criança
女 子ども

注意 「男の子ども」でも文法性は女性 (→ p.151)

□ 105
o adulto
男 大人

注意 「女性の大人」でも文法性は男性 (→ p.151)

□ 106
o amigo
男 (男の)友達

女性形 amiga((女の)友達)

· ·

□ 107
o/a colega
名 同僚;同級生

注意 性別に応じて冠詞が異なる (→ p.151)

□ 108
o namorado
男 (男の)恋人;ボーイ・フレンド

女性形 namorada((女の)恋人;ガールフレンド)

□ 109
o homem
男 男性,人間

関連語 〔英〕human
メモ 「男性用トイレ」には通常"H"(Homem)と表記

□ 110
a mulher
女 女性

メモ 「女性用トイレ」には通常"M"(Mulher)と表記

CHECK-1 ▶ CHECK-2　◀ 🎧 13 ▶

□ 111

a idade　　　女 年齢

メモ 「何歳ですか?」は"Que idade tem?"または"Quantos anos tem?"
メモ -dadeで終わるので「女性名詞」(→ p.152)

□ 112

o menino　　男 少年

女性形 menina(少女)

□ 113

o/a jovem　　名 若者

注意 性別に応じて冠詞が異なる (→ p.151)

□ 114

o idoso　　　男 (男の)老人

女性形 idosa((女の)老人;老婆)

· ·

□ 115

a vida　　　女 命, 人生

関連語 〔英〕vital(命の), vivid(生き生きとした)

□ 116

o nascimento　男 誕生

関連語 dia de nascimento (誕生日), aniversário(誕生日)

□ 117

o casamento　男 結婚(式)

関連語 casar-se (結婚する) (→ p.78)
イメージ 一家〔casa〕を構えること〔-mento〕

□ 118

a morte　　　女 死

関連語 〔英〕mortal(死ぬ運命にある)

縦ラベル: 名詞　形容詞　動詞　副詞　その他

□ 119

o médico　男（男の）医者

女性形　médica（（女の）医者）

□ 120

o enfermeiro　男（男の）看護師

イメージ　病人〔enferm-(enfermo/a)〕の世話をする人〔-eiró〕
女性形　enfermeira（（女の）看護師）

□ 121

o professor　男（男の）先生；男性教師

イメージ　教授する〔profess-(professar)〕人〔-or〕
女性形　professora（（女の）先生；女性教師）

□ 122

o/a estudante　名学生

イメージ　勉強する〔estud-(=estudar (→p.84))〕人〔-ante〕
注意　性別に応じて冠詞が異なる（→ p.151）

□ 123

o funcionário　名公務員，従業員

イメージ　勤める〔function-(=funcionar)〕人〔-ário〕
女性形　funcionária（（女の）公務員，従業員）

□ 124

o cantor　男歌手

イメージ　歌う〔cant-(=cantar)〕人〔-or〕
女性形　cantora（（女の）歌手）

□ 125

o pintor　男画家

イメージ　絵を描く〔pint-(=pintar)〕人〔-or〕
女性形　pintora（（女の）画家）

□ 126

o cozinheiro　男コック；料理人

イメージ　料理する〔cozinh-(= cozinhar)〕人〔-eiro〕
女性形　cozinheira（（女の）コック；料理人）

CHECK-1 ▶ CHECK-2 ◀ 🎧15 ▶

□ 127

o escritor　男 作家

イメージ 小説などを書く〔escri-(=escrever)〕人〔-tor〕
女性形 escritora（女性作家）

□ 128

o/a jornalista　名 新聞記者；ジャーナリスト

イメージ 新聞〔journal〕に載せる記事の取材，執筆，編集に携わることを専門とする人〔-ista〕
注意 性別に応じて冠詞が異なる (→ p.151)

□ 129

o/a intérprete　名 通訳

注意 性別に応じて冠詞が異なる (→ p.151)

□ 130

a comissária de bordo　女 （女の）客室乗務員；キャビン・アテンダント

男性形 comissário de bordo（（男の）客室乗務員；キャビン・アテンダント）

□ 131

a refeição　女 食事　[複] as refeisões

イメージ 気力や体力を元の状態〔re-〕にする〔fei-(=fazer)〕こと〔-cão〕に必要なもの。

□ 132

o café da manhã　男 朝食

ポル pequeno almoço

□ 133

o almoço　男 昼食

関連語 almoçar（昼食をとる）(→ p.76)

□ 134

o jantar　男 夕食

メモ 「夕食をとる」の意の動詞としても用いられる (→ p.86)

CHECK-1 ▶ CHECK-2　　　◀ 🎧16 ▶

□ 135

a sopa　　　女 スープ

関連語 〔英〕soup(スープ)

□ 136

a sobremesa　女 デザート

イメージ (食卓[mesa] (→ p.13)-[近接関係]→) 食事に (〜の上に [sobre-] (→ p.138)→) 加えてさらに食べるもの

□ 137

a comida　　女 食べ物

メモ 動詞 comer(食べる) (→ p.96)の過去分詞形comido (食べられるもの)に由来

□ 138

o arroz　　　男 米；ご飯

関連語 〔英〕rice(米;ご飯)
メモ アラビア語由来

□ 139

a carne　　　女 肉

関連語 carne de vaca(牛肉), carne de porco(豚肉), carne de frango(鶏肉)

□ 140

a vaca　　　女 雌牛

関連語 boi(去勢した雄牛) (→ p.25), touro(去勢していない雄牛)

□ 141

o porco　　　男 豚

関連語 〔英〕pork(豚肉)

□ 142

o frango　　　男 若鶏

関連語 galo(雄鶏), galinha(雌鶏)

CHECK-1 ▶ CHECK-2　　　　◀ 🎧17 ▶

☐ 143

o ovo　　　　男 卵

> 関連語 gema（黄身），clara（白身）

☐ 144

o coelho　　　男 ウサギ

> 関連語 lebre（野ウサギ）

☐ 145

o peixe　　　男 魚

> メモ "Filho de peixe, peixinho é."（魚の息子は小魚；〔日〕蛙の子は蛙）

☐ 146

o marisco　　男 海産物

> メモ エビ・カニ・貝類など，骨・脊柱のない魚介類を指す
> イメージ 海〔mar-(=mar)〕で採れたもの

☐ 147

a lula　　　　女 イカ

☐ 148

o polvo　　　男 タコ

☐ 149

o camarão　　男 エビ　　　[複] os camarões

> 関連語 lagosta（伊勢エビ）

☐ 150

o caranguejo　男 カニ

> 関連語 Câncer（蟹座）

CHECK-1 ▶ CHECK-2　◀ 🎧18 ▶

□ 151
a verdura　女 野菜
メモ 「緑」を意味する verde (→ p.73)から派生

□ 152
o tomate　男 トマト
メモ 16世紀に新大陸からヨーロッパに渡来

□ 153
a cenoura　女 ニンジン

□ 154
a batata　女 ジャガイモ
メモ 16世紀に新大陸からヨーロッパに渡来

□ 155
o pepino　男 キュウリ

□ 156
o feijão　男 豆　[複] os feijões
関連語 feijoada（フェイジョアーダ；黒豆を豚肉, ベーコン, 干し肉, ソーセージなどと煮込んだブラジルの代表的料理）

□ 157
o cogumelo　男 キノコ
関連語 cogumelo venenoso（毒キノコ）

□ 158
o pão　男 パン　[複] os pães
メモ 日本語「パン」はこのポルトガル語 pãoに由来

□ 159

a torrada　　女 トースト

メモ 動詞 torrar（こんがり焼く）の過去分詞形
torrado（こんがり焼かれたもの）に由来

□ 160

a manteiga　　女 バター

関連語 margarina（マーガリン）

□ 161

o queijo　　男 チーズ

関連語 queijada（チーズケーキ）

□ 162

a bebida　　女 飲み物

メモ 動詞 beber（飲む）(→ p.94)の過去分詞形
bebido（飲まれるもの）に由来

□ 163

a água　　女 水

関連語 〔英〕aquarium（水族館），〔英〕aqualung（アクアラング），
〔英〕Aquarius（水瓶座）

□ 164

o café　　男 コーヒー

関連語 café preto（ブラック・コーヒ），café com leite（カフェ・ラテ）

□ 165

o chá　　男 紅茶；茶

メモ ポルトガルがマカオから「茶(チャ)」を運んでいたことに由来

□ 166

o suco　　男 ジュース

ポル sumo

CHECK-1 ▶ CHECK-2　◀ 🎧20 ▶

□ 167

o vinho

男 ワイン

関連語 vinho tinto（赤ワイン），vinho branco（白ワイン），
doce（甘口），seco（辛口）

□ 168

a cerveja

女 ビール

関連語 chope（生ビール）

□ 169

a fruta

女 果物

関連語 〔英〕fruit（果物）

□ 170

a laranja

女 オレンジ

関連語 〔英〕orange（オレンジ）
メモ アラビア語由来

・・・

□ 171

a uva

女 ブドウ

関連語 uva-passa（干しブドウ）

□ 172

a maçã

女 リンゴ

関連語 macieira（リンゴの木）

□ 173

o melão

男 メロン　[複] os melões

メモ 〔希〕melopepōn（リンゴ〔melo-〕の形をした瓜
〔pepōn〕）の短縮形に由来

□ 174

a melancia

女 スイカ

名詞　形容詞　動詞　副詞　その他

Cʜᴇᴄᴋ-1 ▶ Cʜᴇᴄᴋ-2　　　◀ 🎧21 ▶

□ 175
o morango　男 イチゴ

□ 176
o pêssego　男 桃
メモ 桃の原産は中国だが, ペルシアを経由して入ったことから, 〔羅〕persicum (malum)（ペルシアの（リンゴ））に由来

□ 177
o abacaxi　男 パイナップル
ポル ananás

□ 178
o limão　男 レモン　　[複] os limões
関連語 limonada（レモネード）

□ 179
o sorvete　男 アイスクリーム
ポル gelado

□ 180
o pudim　男 プリン
関連語 〔英〕pudding（《米》プリン,《英》プディング）

□ 181
a louça　女 陶磁器, 食器
メモ 「材料と製品との近接関係」から「陶磁器→食器」に意味拡張

□ 182
o prato　男 皿, 料理
メモ 「容器と内容物との近接関係」から「皿→料理」に意味拡張

名詞
形容詞
動詞
副詞
その他

□ 183

o copo　　男 コップ

関連語 〔英〕cup（カップ），
xícara（（コーヒー）カップ），caneca（マグカップ）

□ 184

a xícara　　女 （コーヒー）カップ

関連語 copo（コップ），caneca（マグカップ）

□ 185

o garfo　　男 フォーク

□ 186

a faca　　女 ナイフ，包丁

□ 187

a colher　　女 スプーン

□ 188

os pauzinhos　　男 ［複数形で］箸（はし）

メモ 2つで1セットとして用いるので通常複数形
イメージ 小さな〔-zinho（縮小辞）〕棒〔pau〕

□ 189

o sal　　男 塩　　[複] os sais

関連語 〔英〕salt（塩），〔英〕salada（サラダ），
〔英〕salsa（チリソース），〔英〕salary（給料）

□ 190

o açúcar　　男 砂糖

関連語 〔英〕sugar（砂糖）
メモ アラビア語由来

CHECK-1 ▶ CHECK-2　◀ 🎧23 ▶

□ 191
o vinagre　男 酢

関連語〔英〕vinegar（酢）
イメージ 酸っぱく〔-agre（＝agro）〕なったワイン〔vin-（＝vinho）〕

□ 192
o azeite　男 オリーブ油；油

関連語 azeitona（オリーブの実），oliveira（オリーブの木）

□ 193
o molho　男 ソース

関連語 molho de soja（（大豆〔（feijão-)soja〕の〔de〕ソース
〔molho〕）→醤油）

□ 194
a mostarda　女 マスタード

関連語〔英〕mustard（マスタード）

□ 195
o terno　男 背広；スーツ

ポル fato

□ 196
o vestido　男 ドレス，婦人服

メモ 動詞vestir（着る）の過去分詞形vestido（着られるもの）
に由来

□ 197
a calça　女 ズボン

関連語 shorts（半ズボン）

□ 198
a saia　女 スカート

関連語 minissaia（ミニスカート）

CHECK-1 ▶ CHECK-2　　　◀ 🎧24 ▶

□ 199

o casaco　　　男 (長い)上着，オーバーコート

ポル sobretudo

□ 200

a jaqueta　　　女 上着，ジャケット

関連語 〔英〕jacket(上着，ジャケット)

□ 201

a camisa　　　女 シャツ；ワイシャツ

関連語 〔英〕camisole(キャミソール)

□ 202

a blusa　　　女 ブラウス

関連語 〔英〕blouse(ブラウス)

・・

□ 203

a camiseta　　　女 Tシャツ

イメージ 小さい〔-eta(縮小辞)〕シャツ〔camis-(＝camisa)〕

□ 204

a gravata　　　女 ネクタイ

メモ pôr a gravata(ネクタイを締める)

□ 205

as meias　　　女 [複数形で] 靴下

メモ 2つで1セットとして用いるので通常複数形

□ 206

os sapatos　　　男 [複数形で] 靴

関連語 2つで1セットとして用いるので通常複数形

CHECK-1 ▶ CHECK-2　　◀ 🎧25 ▶

□ 207

o pijama　　男 パジャマ

[メ モ]〔ヒンディー語〕pājāma（脚〔pā-〕の着物〔-jāma〕→ズボン）に由来

□ 208

o chapéu　　男 （縁のある）帽子

[関連語] boné（（縁のない）帽子；キャップ），gorro（（袋状の長い）縁なし帽子），boina（ベレー帽）

□ 209

os óculos　　男 [複数形で] 眼鏡

[関連語] óculos de sol（（太陽〔sol〕の〔de〕眼鏡〔óculos〕）→サングラス），またはóculos escuros（（黒っぽい）〔escuros〕眼鏡〔óculos〕）→サングラス）

□ 210

a bolsa　　女 ハンドバッグ

[メ モ] 男性名詞 o bolso は「ポケット」の意

□ 211

a mochila　　女 リュックサック

□ 212

a mala　　女 スーツケース

□ 213

a carteira　　女 財布，札入れ

[イメージ] 紙〔carta〕で作った貨幣を入れるための入れ物〔-eira〕
[関連語] porta-moedas（小銭入れ）

□ 214

o guarda-chuva　　男 傘

[イメージ] 雨〔chuva〕から身を守る〔guarda〕もの
[関連語] sombrinha（日傘），guarda-sol（日傘）

CHECK-1 ▶ CHECK-2　　　　　　　　◀ 🎧26 ▶

名詞

形容詞

動詞

副詞

その他

□ 215

a chave　　　女 鍵

関連語 chaveiro（キーホルダー）

□ 216

o relógio　　男 時計

関連語 relógio de pulso（腕時計）, despertador（目覚まし時計）

□ 217

as luvas　　女 [複数形で] 手袋

メモ 2つで1セットとして用いるので通常複数形

□ 218

a casa　　　女 家

関連語 casar-se（結婚する）(→ p.78)

· ·

□ 219

o banheiro　男 トイレ

イメージ 浴室〔banh-(=banho)〕のある場所〔-eiro〕
ポル casa de banho

□ 220

a cama　　　女 ベッド

関連語 cama de solteiro（シングルベッド）,
cama de casal（ダブルベッド）,
duas camas individuais（ツインベッド）

□ 221

a sala　　　女 部屋

関連語 quarto（寝室）

□ 222

a estação　女 駅，季節　　[複] as estações

関連語 〔英〕station（駅）
注意 estaçãoには「駅」の他に「季節」の意がある

CHECK-1 ▶ CHECK-2　　◀ 🎧 27 ▶

□ 223

o ponto de　　男 バス停

　　ônibus

イメージ ここでのpontoは"ponto de parada"(停車〔parada〕の〔de〕地点〔ponto〕→停留所)のこと。つまり、「バス〔ônibus〕の〔de〕停留所〔ponto〕」

ポ ル paragem de autocarro

□ 224

o aeroporto　　男 空港

イメージ 空の〔aero-〕港〔porto〕

□ 225

a escola　　　女 学校

関連語 〔英〕school(学校)

□ 226

a companhia 女 会社

関連語 〔英〕company(会社)

類 義 empresa, firma (→ p.149), sociedade

· ·

□ 227

o hospital　　男 病院　　（発音注意！）　[複] os hospitais

注 意 〔英〕hospitalと同じつづりだが、hの字は読まない

□ 228

o correio　　　男 郵便局

関連語 correr(走る) (→ p. 96)

メ モ 「走り〔cor-〕急いで使いをする→急使」に由来

□ 229

o banco　　　男 銀行、ベンチ；長椅子

関連語 〔英〕bank(銀行)、〔英〕bench(ベンチ；長椅子)

□ 230

o museu　　　男 美術館、博物館

関連語 〔英〕museum(美術館、博物館)、〔英〕music(音楽)

メ モ 「芸術の神々 Muse(ミューズ)」の神殿」に由来

Сheck-1 ▶ Сheck-2　　◀ 🎧28 ▶

☐ 231
o hotel　　男 ホテル　⟨発音注意！⟩　[複] os hotéis
注意　〔英〕hotelと同じつづりだが，hの字は読まない

☐ 232
a loja　　女 店

☐ 233
o supermercado　男 スーパーマーケット
メモ　さらに規模の大きいものを hipermercado という

☐ 234
a loja de departamentos　女 デパート
ポル　armazém

☐ 235
o centro comercial　男 繁華街；商業中心地
イメージ　商業の〔comercial〕中心〔centro〕となっている場所
メモ　ポルトガルでは「ショッピング・センター」の意で用いられる

☐ 236
o bar　　男 バル
関連語　〔英〕bar（バー）
メモ　日本や英米圏の国々のバーとは異なり子どもも出入りできる。アルコール飲料の他，コーヒーやジュース，軽食などもとることができる

☐ 237
a padaria　　女 パン屋
イメージ　パン〔pad-(=pão)〕に関する場所〔-aria〕

☐ 238
a farmácia　　女 薬局
関連語　〔英〕pharmacy（薬局）
類義　drogaria

CHECK-1 ▶ CHECK-2 ◀ 🎧29 ▶

□ 239

a livraria **女** **本屋**

> 関連語 livro(本),〔英〕library(図書館)
> イメージ 本〔livr-(=livro)〕に関する〔-aria〕場所

□ 240

o parque **男** **公園**

> 関連語 〔英〕park(公園)

□ 241

a praça **女** **広場**

> 関連語 〔英〕place(場所)

□ 242

a rua **女** **通り**

> 類義 caminho(道,道路), avenida(大通り)(→ p.49)

□ 243

a avenida **女** **大通り**

> 類義 caminho(道,道路), rua(通り)(→ p.49)
> 関連語 〔英〕avenue(大通り)

□ 244

a esquina **女** **(曲がり)角**

□ 245

o cruzamento **男** **交差点**

> 関連語 cruz(十字架)
> イメージ 十字〔cruza-(=cruz)〕に交わる所〔-mento〕

□ 246

o semáforo **男** **信号機**

> 関連語 sinal verde(青信号), sinal vermelho(赤信号)

Сheck-1 ▶ Сheck-2　　　◀ 🎧30 ▶

名詞

形容詞

動詞

副詞

その他

□ 247
o carro　　男 車

関連語〔英〕car（車）

□ 248
o ônibus　　男 バス　　　[複] os ônibus（単複同形）

ポル autocarro

□ 249
o táxi　　男 タクシー

関連語〔英〕taxi（タクシー）

□ 250
o trem　　男 電車

ポル comboio

□ 251
o metrô　　男 地下鉄

ポル metro（ブラジルのポルトガル語 metrô とはアクセント
の位置が異なり，第一音節 me- にアクセントをおく）

□ 252
o bonde　　男 路面電車

ポル elétrico

□ 253
o avião　　男 飛行機　　　[複] os aviões

イメージ 大きい〔-ão（増大辞）〕鳥〔avi-（＝ave（→ p.11））〕

□ 254
o navio　　男 船

関連語〔英〕navigate（航海する），〔英〕navy（海軍）

CHECK-1 ▶ CHECK-2　　　◀ 🎧31 ▶

□ 255

o animal　　　男 動物　（アクセント注意！）　[複] os animais

注意 〔英〕animal とつづりは同じだが，アクセントの位置が異なる

□ 256

o gato　　　男 (雄の)猫

関連語 〔英〕cat（猫）
女性形 gata（(雌の)猫）

□ 257

o cavalo　　　男 (雄の)馬

女性形 égua（(雌の)馬）

□ 258

o leão　　　男 (雄の)ライオン　　[複] os leões

関連語 〔英〕lion（ライオン）
女性形 leoa（(雌の)ライオン）

□ 259

o tigre　　　男 トラ

関連語 〔英〕tiger（トラ）
女性形 tigresa（(雌の)トラ）

□ 260

o elefante　　　男 象

関連語 〔英〕elephant（象）
女性形 elefanta（(雌の)象）

□ 261

o macaco　　　男 (雄の)猿

女性形 macaca（(雌の)猿）

□ 262

o pássaro　　　男 小鳥

関連語 ave（鳥類としての／大型の）鳥（→ p.11）

🎧69

［数詞＋名詞句］, por favor.
（〜，お願いします。）

例） **Um café, por favor.**
（コーヒーを1杯，お願いします。）

　　レストランやお店などで注文したりするときに用いる表現で，意味的に英語の " 〜 , please." と並行します。

　　まず，注文したい数に応じて，注文したい物を表す名詞句の前に数詞を置きます（**「数詞」について詳しくは→ p. 30**）。さらに，その名詞句の後に " 〜 , por favor." を付けるだけで「〜，お願いします。」の意の表現になります。以下（1 a-c）にその一例を見てみましょう。

　（1）a.　Um café, **por favor.**　（コーヒーを1杯お願いします。）
　　　　b.　Uma cerveja, **por favor.**　（ビールを1杯お願いします。）
　　　　c.　Três bilhetes, **por favor.**　（切符を3枚お願いします。）

　　もちろん，注文をするだけでなく，次の（2 a-f）のような表現としても用いることができます。

　（2）a.　O cardápio, **por favor.**　（メニューをお願いします。）
　　　　b.　A conta, **por favor.**　（お勘定をお願いします。）
　　　　c.　Um momento, **por favor.**　（もうしばらくお願いします。）
　　　　d.　Ao aeroporto, **por favor.**　（空港までお願いします。）
　　　　e.　Sr. Nunes, **por favor.**　（ヌーネス氏をお願いします。）
　　　　f.　**Por favor!**　（お願い！）

　　なお，この " 〜 , por favor." の代わりに，ブラジルでは " 〜 , fazendo um favor." という表現（→下記（3））が，ポルトガルでは " 〜 , (se) faz (um) favor." という表現（→下記（4））が使われることもよくあります。

　（3）Dois livros, **fazendo um favor.**　（本を2冊お願いします。）
　（4）Duas canetas, **(se) faz (um) favor.**　（ペンを2本お願いします。）

国名	言語	国民	
		男性単数形	男性複数形
		女性単数形	女性複数形
ポルトガル	ポルトガル語	ポルトガル人	
Portugal	o português	o português	os portugueses
		a portuguesa	as portuguesas
ブラジル	ポルトガル語	ブラジル人	
o Brasil	o português	o brasileiro	os brasileiros
		a brasileira	as brasileiras
日本	日本語	日本人	
o Japão	o japonês	o japonês	os japoneses
		a japonesa	as japonesas
スペイン	スペイン語	スペイン人	
a Espanha	o espanhol	o espanhol	os espanhóis
		a espanhola	as espanholas
フランス	フランス語	フランス人	
a França	o francês	o francês	os franceses
		a francesa	as francesas
イタリア	イタリア語	イタリア人	
a Itália	o italiano	o italiano	os italianos
		a italiana	as italianas
ドイツ	ドイツ語	ドイツ人	
a Alemanha	o alemão	o alemão	os alemães
		a alemã	as alemãs
イギリス	英語	イギリス人	
a Inglaterra	o inglês	o inglês	os ingleses
		a inglesa	as inglesas
中国	中国語	中国人	
a China	o chinês	o chinês	os chineses
		a chinesa	as chinesas

付録 −4 :【家族】

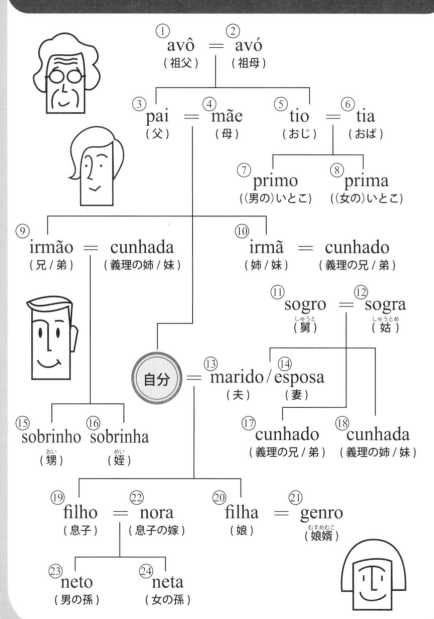

① avô（祖父）＝ ② avó（祖母）

③ pai（父）＝ ④ mãe（母）　　⑤ tio（おじ）＝ ⑥ tia（おば）

⑦ primo（(男の)いとこ）　⑧ prima（(女の)いとこ）

⑨ irmão（兄 / 弟）＝ cunhada（義理の姉 / 妹）　　⑩ irmã（姉 / 妹）＝ cunhado（義理の兄 / 弟）

⑪ sogro（舅）＝ ⑫ sogra（姑）

自分 ＝ ⑬ marido（夫）/ ⑭ esposa（妻）

⑮ sobrinho（甥）　⑯ sobrinha（姪）

⑰ cunhado（義理の兄 / 弟）　⑱ cunhada（義理の姉 / 妹）

⑲ filho（息子）＝ ㉒ nora（息子の嫁）　　⑳ filha（娘）＝ ㉑ genro（娘婿）

㉓ neto（男の孫）　㉔ neta（女の孫）

形 容 詞

※数字は、音声のトラック番号です

CHECK-1 ▶ CHECK-2 ◀ 🎧 32 ▶

名詞

□ 263

bom
良い，おいしい

女 boa

メモ bem (→ p.120) は「良く」を意味する副詞

形容詞

□ 264

mau
悪い，まずい

女 má

関連語 mal (→ p.120) は「悪く」を意味する副詞

□ 265

grande
大きい

関連語 〔英〕grand (壮大な), 〔英〕grandfather (祖父)

動詞

□ 266

pequeno
小さい

女 pequena

メモ 名詞の前に置くと「取るに足りない」の意
(例：pequenas coisas (取るに足りないこと))

副詞

□ 267

alto
高い

女 alta

関連語 〔英〕altitude (高さ，高度)

その他

□ 268

baixo
低い

女 baixa

関連語 〔英〕base (基盤)

□ 269

grosso
太い，厚い

女 grossa

関連語 〔英〕gross (総計；全体の，1 グロス (＝12ダース))

□ 270

fino
細い，薄い

女 fina

関連語 〔英〕fine (素晴らしい，細かい)

Quick Review 【P.70】

☐ doce　　☐ salgado　　☐ picante　　☐ azedo
☐ agridoce　　☐ amargo　　☐ quente　　☐ frio

CHECK-3

O Mário é uma pessoa muito boa.

（マリオはとても良い人だ。）

O José sempre tira uma nota muito má.

（ジョゼはとても悪い点数をいつも取っている。）

Este chapéu é um pouco grande para mim.

（この帽子は私には少し大きい。）

Sem estes óculos, não posso ler aquela letra pequena.

（このメガネなしでは，私はあの小さい字を読むことができない。）

• •

O Ricardo é o mais alto desta classe.

（リカルドはこのクラスで最も背が高い。）

A Torre de Tóquio não é nada baixa.

（東京タワーはぜんぜん低くない。）

Para fazer a estante, tenho que comprar uma madeira mais grossa.

（棚を作るために，私はもっと厚い板を買わなければならない。）

Esta caneta é muito fina!

（このペンはとても細い！）

Quick Review

☐ 甘い   ☐ 塩辛い   ☐ 辛い   ☐ 酸っぱい
☐ 甘酸っぱい   ☐ 苦い   ☐ 熱い，暑い   ☐ 冷たい，寒い

名詞 / 形容詞 / 動詞 / 副詞 / その他

☐ 271
comprido
長い
女 comprida

☐ 272
curto
短い
メモ 動詞 cortar(切る，中断する) (→ p.80)の派生形
イメージ 切断〔cortar〕されたもの
女 curta

☐ 273
pesado
重い
関連語 動詞pesar(重さを量る，重さがある) (→ p.90)の過去
分詞pesado(重さがあった)が形容詞化したもの
女 pesada

☐ 274
leve
軽い
関連語 levar(持って行く，連れて行く) (→ p.86)

・・

☐ 275
forte
強い, (味が)濃い
関連語 〔英〕force(力)，〔伊〕forte(〔音楽〕フォルテ，強音の〔で〕)

☐ 276
fraco
弱い, (味が)薄い
女 fraca
関連語 〔英〕fragile(壊れやすい;もろい)

☐ 277
duro
固い, 辛(つら)い
女 dura
関連語 動詞 durar((固くする→)持ちこたえる，持続する)，
〔英〕endure(耐える)，〔英〕during(〜の間)

☐ 278
macio
柔らかい
女 macia

Quick Review
☐ bom ☐ mau ☐ grande ☐ pequeno
☐ alto ☐ baixo ☐ grosso ☐ fino

CHECK-3

O meu cabelo está muito comprido, preciso cortá-lo.

（私の髪の毛はとても長くなったので、切る必要がある。）

O meu cabelo agora está curto e mais fácil de cuidar.

（私の髪は今、短くて手入れが簡単になった。）

Esse livro é muito pesado para eu carregar na mochila.

（その本は私がリュックに入れて持ち運ぶには重すぎる。）

Até eu posso levar essa mala, que é leve!

（私でもこのカバンを運べるわ。だって軽いもの！）

• •

O João é muito forte e tem muita bravura.

（ジョアンはとても強くて，とても勇敢だ。）

A equipe adversária é fisicamente mais fraca que a nossa.

（敵チームはわがチームよりも肉体的に弱い。）

Esta carne é muito dura. Não a consigo cortar.

（この肉はとても固い。私はどうしても肉を切ることができない。）

O bebê está dormindo em um acolchoado macio.

（赤ちゃんは柔らかい布団で寝ている。）

Quick Review

- [ ] 良い，おいしい
- [ ] 悪い，まずい
- [ ] 大きい
- [ ] 小さい
- [ ] 高い
- [ ] 低い
- [ ] 太い，厚い
- [ ] 細い，薄い

CHECK-1 ▶ CHECK-2 ◀ 🎧34 ▶

名詞

形容詞

動詞

副詞

その他

□ 279

largo
（幅が）広い

女 larga
関連語 〔英〕large（大きい）

□ 280

estreito
狭^{せま}い

女 estreita
関連語 〔英〕strict（厳しい）

□ 281

fundo
深い

女 funda
メモ 名詞で「底；奥，深さ」の意

□ 282

raso
浅い

女 rasa

□ 283

longe
遠い

関連語 〔英〕long（長い）

□ 284

perto
近い

□ 285

claro
澄^すんだ，明るい，明らかな

女 clara
関連語 〔英〕clear（澄んだ，明らかな）

□ 286

escuro
暗い

女 escura
関連語 〔英〕obscure（不明瞭な；あいまいな）

Quick Review
☐ comprido ☐ curto ☐ pesado ☐ leve
☐ forte ☐ fraco ☐ duro ☐ macio

CHECK-3

Indo por esta ruazinha vai dar à rua larga.

（この路地を行くと広い道に出る。）

Siga pelo caminho estreito à sua esquerda.

（この狭い道に沿って左に進みなさい。）

Cuidado! Aqui, o rio é muito fundo!

（気を付けて！　ここでは，川はとても深いぞ！）

Este rio é demasiado estreito e raso para navegar.

（この川は航行するには狭くて浅すぎる。）

A estação não é muito longe, fica a uns cinco minutos a pé.

（駅はそんなに遠くありません。歩いて5分ほどです。）

A escola do meu filho fica aqui perto.

（私の息子の学校はこの近くにあります。）

Esta sala é bastante clara, recebe luz direta da varanda.

（この部屋は十分明るい。ベランダから直接光を受けている。）

O quarto está completamente escuro.

（部屋の中は真っ暗だ。）

Quick Review

- [ ] 長い
- [ ] 短い
- [ ] 重い
- [ ] 軽い
- [ ] 強い，(味が) 濃い
- [ ] 弱い，(味が) 薄い
- [ ] 固い，辛い
- [ ] 柔らかい

CHECK-1 ▶ CHECK-2 ◀ 🎧35 ▶

□ 287
lindo
美しい
女 linda

□ 288
bonito
格好いい，きれいな，可愛い
女 bonita　メモ 「bom（良い）（→ p.56）＋-ito（縮小辞）」に由来

□ 289
gordo
太った
女 gorda　関連語 gordura（脂肪），engordar（太る）

□ 290
magro
痩せた
女 magra　関連語 emagrecer（痩せ細る）

□ 291
limpo
きれいな；清潔な
女 limpa　関連語 limpar（きれいにする）

□ 292
sujo
汚れた；汚い
女 suja　関連語 sujar（汚す）

□ 293
jovem
若い
関連語 〔英〕juvenile（若い，少年[少女]向きの）

□ 294
velho
年を取った，古い
女 velha　関連語 envelhecer（年を取る）

Quick Review
☐ largo　☐ estreito　☐ fundo　☐ raso
☐ longe　☐ perto　☐ claro　☐ escuro

CHECK-3

A noiva estava muito linda!

（花嫁さん，とてもきれいだった！）

Aquela moça é muito bonita!

（あの女の子はとてもきれいだ！）

Você acha que estou gorda?

（私って太ったと思う？）

A Vanessa está tão magra! Será que está fazendo regime?

（ヴァネッサはとても痩せているわ！ 彼女はダイエットをしているのかしら？）

No campo, o ar é limpo.

（田舎では空気がきれいだ。）

Aqui é a zona mais suja da cidade.

（ここは町で最も汚い地区だ。）

O Mário é o mais jovem dos irmãos.

（マリオは兄弟の中で最も若い。）

O meu avô está velho, mas tem muita saúde.

（祖父は年を取っているが，とても健康だ。）

Quick Review
- [ ] （幅が）広い
- [ ] 狭い
- [ ] 深い
- [ ] 浅い
- [ ] 遠い
- [ ] 近い
- [ ] 澄んだ，明るい，明らかな
- [ ] 暗い

CHECK-1 ▶ CHECK-2 ◀ 🎧36 ▶

□ 295
novo
新しい，若い

女 nova 　関連語 〔英〕new（新しい），〔英〕now（今）

□ 296
antigo
古い

女 antiga 　関連語 〔英〕antique（古風な；骨董の）

□ 297
rico
豊かな；裕福な

女 rica 　関連語 〔英〕rich（豊かな；裕福な）

□ 298
pobre
貧しい；貧乏な

関連語 〔英〕poor（貧しい），〔英〕poverty（貧乏；貧困）

• •

□ 299
difícil
難しい　　　　　つづり字注意！

関連語 〔英〕difficult（難しい）
注意 〔英〕difficultとは異なり，-f-は1つ

□ 300
fácil
簡単な

関連語 〔英〕facile（容易な），〔英〕facility（容易さ）

□ 301
caro
（値段が）高い；高価な，親愛なる

女 cara 　関連語 encarecer（値上げする）

□ 302
barato
（値段が）安い；安価な

女 barata 　関連語 baratear（安値で売る；値下げする）

Quick Review　□ lindo　□ bonito　□ gordo　□ magro
　　　　　　　□ limpo　□ sujo　□ jovem　□ velho

CHECK-3

Paula, você já viu a minha jaqueta nova?

（パウラ，あなたは私の新しいジャケットをもう見た？）

A Biblioteca Nacional tem muitos livros antigos.

（国立図書館にはたくさんの古い本がある。）

O Ricardo se casou com uma mulher muito rica.

（リカルドはとても裕福な女性と結婚した。）

Não éramos ricos, mas nem pobres.

（私たちは裕福ではなかったが，貧乏でもなかった。）

Este assunto é difícil de resolver.

（この件は解決が難しい。）

Esse número de telefone não é facil de se memorizar.

（その電話番号は覚えるのが簡単ではない。）

O computador dele é muito mais caro que o meu.

（彼のコンピューターは私のよりかなり高価だ。）

Esta casa não é nada barata.

（この家は少しも安くない。）

Quick Review

☐ 美しい	☐ 愉快い，きれいな，可愛い	☐ 太った	☐ 痩せた
☐ きれいな；清潔な	☐ 汚れた；汚い	☐ 若い	☐ 年を取った，古い

Сheck-1 ▶ Сheck-2 ◀ 🎧37 ▶

□ 303
feliz
幸せな

関連語 〔英〕felicity（至福）

□ 304
contente
うれしい；満足した

関連語 動詞 conter（含む），〔英〕contain（含む）
イメージ 中身をいっぱいに含んだ〔cont-(=conter)〕→満ち足りている

□ 305
alegre
楽しい；陽気な

関連語 〔伊〕allegro（〔音楽〕アレグロ）

□ 306
triste
悲しい；寂しい

• •

□ 307
inteligente
知的な；賢い

関連語 〔英〕intelligent（聡明な；賢い）
イメージ 知能が高く，理解力のある

□ 308
simpático
感じのよい

女 simpática

関連語 〔英〕sympathetic（同情する），〔英〕sympathy（同情）

□ 309
seguro
安全な

女 segura

関連語 〔英〕secure（安全な）

□ 310
perigoso
危険な

女 perigosa

イメージ 危険〔perig-(=perigo)〕に富む〔-oso〕
関連語 perigo（危険），〔英〕peril（危険）

Quick Review
☐ novo ☐ antigo ☐ rico ☐ pobre
☐ difícil ☐ fácil ☐ caro ☐ barato

Check-3

Feliz Ano Novo!

（幸せな新年を！→新年おめでとう！）

Estou muito contente de ver o senhor.

（私はあなたにお会いできてうれしく思います。）

Esta música tem um ritmo muito alegre.

（この音楽はとても陽気なリズムだ。）

O Manuel tem os olhos tristes.

（マヌエルは悲しげな目をしている。）

- -

O Mário é inteligente e ainda por cima um grande esportista.

（マリオは知的で，おまけに優れたスポーツマンだ。）

Você é muito simpático!

（あなたってとっても感じのいい人ね！）

Este caminho é seguro.

（この道は安全だ。）

É muito perigoso brincar com fósforos.

（マッチで遊ぶのはとても危険だ。）

Quick Review

☐ 新しい，若い　☐ 古い　　　☐ 豊かな；裕福な　☐ 貧しい；貧乏な
☐ 難しい　　　　☐ 簡単な　　☐ (値段が) 高い；高価な，親愛なる　☐ (値段が) 安い；安価な

CHECK-1 ▶ CHECK-2 ◀ 🎧38 ▶

名詞 形容詞 動詞 副詞 その他

□ 311
preguiçoso
怠惰な（たいだ）

女 preguiçosa

メモ 名詞で「怠け者（なま）」の意
関連語 preguiça（怠惰,《動物》ナマケモノ）(→ p.19)

□ 312
tímido
内気な，恥ずかしがりの

女 tímida

関連語 〔英〕timid（おどおどした；臆病な）

□ 313
rápido
速い

女 rápida

メモ 名詞形rápido は「急行（電車）」の意

□ 314
lento
ゆっくりした

女 lenta

- -

□ 315
correto
正しい

女 correta

関連語 〔英〕correct（正しい）

□ 316
errado
間違った

女 errada

関連語 〔英〕error（間違い）

□ 317
fresco
新鮮な，涼しい

女 fresca

関連語 〔英〕fresh（新鮮な）

□ 318
podre
腐った

関連語 apodrecer（腐る）

Quick Review

☐ feliz　　☐ contente　　☐ alegre　　☐ triste
☐ inteligente　　☐ simpático　　☐ seguro　　☐ perigoso

CHECK-3

Você não deve levar uma vida preguiçosa.

（君は怠惰な生活を送るべきではない。）

O João é tímido, mas no momento mais importante mostra a sua bravura.

（ジョアンは内気だが，いざというときには勇敢になる。）

Hiromichi faz progressos rápidos em português.

（大倫 はポルトガル語において急速な進歩を遂げている。
→ 大倫 はポルトガル語の上達が速い。）

A Joana caminhou a passos lentos.

（ジョアナはゆっくりとした歩みで進んだ。）

Sua resposta é correta em parte, mas não no todo.

（あなたの答えは部分的には正しいが，全体としては正しくない。）

O endereço está errado.

（住所が間違っている。）

Este peixe está muito fresco.

（この魚はとても新鮮だ。）

Este leite está podre.

（この牛乳は腐っている。）

CHECK-1 ▶ CHECK-2 ◀ 🎧39 ▶

□ 319
doce
甘い
関連語 〔伊〕dolce（甘い）
メモ 名詞で「甘いお菓子やケーキ；ドルチェ」の意

□ 320
salgado
女 salgada
しおから
塩辛い
メモ 動詞salgar（塩漬けにする）の過去分詞salgado（塩漬けにした）が形容詞化したもの
関連語 名詞sal（塩）(→ p.42)

□ 321
picante
から
辛い
関連語 動詞picar（刺す，突く）の派生形
イメージ 舌を刺す〔pic-(=picar)〕ように強く刺激する味

□ 322
azedo
女 azeda
酸っぱい
類義 ácido（酸っぱい）
関連語 〔英〕acid（酸っぱい）

□ 323
agridoce
甘酸っぱい
メモ 「agro（酸っぱい）＋doce（甘い）」による合成語

□ 324
amargo
女 amarga
にが
苦い

□ 325
quente
熱い，暑い
関連語 aquecer（熱する；温める）

□ 326
frio
女 fria
冷たい，寒い
関連語 〔英〕frigid（寒冷な），〔英〕refrigerator（冷蔵庫）

Quick Review
- [ ] preguiçoso
- [ ] correto
- [ ] tímido
- [ ] errado
- [ ] rápido
- [ ] fresco
- [ ] lento
- [ ] podre

CHECK-3

Gosto muito destas frutas porque são muito doces.

（これらの果物はとても甘いので，私は大好きだ。）

Esta sopa está um pouco salgada.

（このスープはちょっと塩辛い。）

Esta comida está demasiado picante.

（この料理は辛すぎる。）

O limão tem um sabor azedo.

（レモンは酸っぱい味を持っている。 → レモンは酸っぱい。）

• •

Gosto muito de frutas agridoces.

（私は甘酸っぱい果物が大好きだ。）

Passe-me o açúcar, por favor, porque este café está amargo.

（このコーヒーは苦いので，砂糖を取ってください。）

Cuidado, que a sopa está muito quente!

（スープはとても熱いから気を付けて！）

Da fonte brota água fria.

（泉から冷たい水が湧いている。）

Quick Review

☐ 怠惰な	☐ 内気な，恥ずかしがりの	☐ 速い	☐ ゆっくりした
☐ 正しい	☐ 間違った	☐ 新鮮な，涼しい	☐ 腐った

Que ＋［形容詞（＋名詞）］！
（何て〜（な名詞）なんだ！）

例）Que bonita!
（何てかわいいんだ／きれいなんだ！）

疑問形容詞 "Que" の後に「形容詞」を置くだけで，「何て〜なんだ！」という感嘆文を作ることができます。

ブラジルやポルトガルには魅力的な人々が大勢います。そんなときには，恥ずかしがって俯いて（うつむ）いているのではなく，勇気を出して以下(1)のように言ってみましょう。もしかすると，あなたの人生を変える，運命の一言になるかもしれません。

（1）［女性に対して］　**Que** bonita!　（何てかわいいんだ／きれいなんだ！）
　　　［男性に対して］　**Que** bonito!　（何て格好いいんだ！）

ここに用いられている "bonita / bonito" という語は，「外見の美しさ」を表します。そのため，"Que 〜！" を付けて感嘆文にすると，それぞれ「何てかわいいんだ！／きれいなんだ！」，「何て格好いいんだ！」という意味になるのです。

また，買い物に行ったときには，まずは下記(2)のこの一言でしょう。

（2）**Que** caro!　（何て高価なんだ！）

ここから値段交渉が始まります。少しでも安く値切れるよう頑張ってください。

さらに，プレゼントとしてきれいな花をもらった場合には，次の(3)のように言うことができます。

（3）**Que** lindas!　（何て美しいんだ！）

なお，これらの感嘆表現は，"Que" の後に「形容詞」を置くだけでなく，下記(4)に見られるように，さらに「名詞」を足して言うこともできます。

（4）**Que** linda flor!　（何て美しい花なんだ！）

branco	女 branca	白い
preto	女 preta	黒い
vermelho	女 vermelha	赤い
amarelo	女 amarela	黄色の
verde-limão		黄緑色の
verde		緑色の
azul		青い
azul-claro	女 azul-clara	水色の
anil		藍色の
roxo	女 roxa	紫色の
marrom		茶色の
cinza		灰色の
bege		ベージュの
alaranjado	女 alaranjada	オレンジ色の
rosa		ピンク色の
dourado	女 dourada	金色の
prateado	女 prateada	銀色の

付録 –6：【国旗】

　　ブラジルの国旗は緑色の地に黄色のひし形と青い円を組み合わせることでデザインされています。特に黄色（＝金色）と緑色とが映えることから，Auriverde（金緑旗）と呼ばれています。

　　元来，この緑色と黄色はそれぞれブラジル皇帝ペドロ１世のブラガンサ家とその皇妃マリア・レオポルディナのハプスブルク家を象徴していましたが，現在では，緑は森林を，黄色は金と鉱物資源とを象徴していると解釈されることが多くなっています。

　　中央の青い円は，共和政が樹立された日時，すなわち1889年11月15日20時30分のリオ・デ・ジャネイロ市の空を表していて，こいぬ座のプロキオン，おおいぬ座，りゅうこつ座のカノープス，おとめ座のスピカ，うみへび座，南十字星，八分儀座σ（シグマ）星，南のさんかく座，さそり座が描かれています。また，これら27個の星は，ブラジル連邦共和国を構成する26州と首都「ブラジリア」を表しています。

　　また，中央の白い帯は黄道を表しています。そして，そこには「ORDEM E PROGRESSO（秩序と発展）」という哲学者オーギュスト・コントの言葉が記されています。

動 詞

※数字は、音声のトラック番号です

CHECK-1 ▶ CHECK-2 ◄ 🎧40 ►

名詞
形容詞
動詞
副詞
その他

□ 327
acabar
終える；終わる
反義 começar（始める；始まる）(→ p.80)

□ 328
achar
見つける，思う

□ 329
acompanhar
一緒に行く；付き添う
関連語 〔英〕company（同行，仲間，会社）

□ 330
acordar
目が覚める，合意する，思い出させる

□ 331
aguentar
我慢する，支える

□ 332
ajudar
助ける；手伝う；援助する
メモ ajudeはvocêに対する命令形

□ 333
almoçar
昼食をとる
関連語 almoço（昼食）(→ p.35)

□ 334
amar
愛する；愛している
関連語 〔英〕amiable（愛想のよい），〔英〕amicable（友好的な），〔英〕amateur（愛好家；アマチュア）

Quick Review 【P.106】

☐ rir
☐ pôr
☐ ter
☐ ir
☐ vir
☐ ser
☐ ver
☐ chover

CHECK-3

O curso acaba em março.

（その講座は３月に終わる。）

Acho que o João tem razão.

（私はジョアンが正しいと思う。）

A Maria acompanha sua mãe ao hospital todas as manhãs.

（マリアは毎朝，母親に付き添って病院に行っている。）

Hoje em dia, acordo muito cedo.

（このところ，私はとても早く目が覚める。）

Não posso aguentar este barulho.

（私はこの騒音を我慢できない。）

Ajude-me, por favor.

（私を手伝ってください。）

Almoço ao meio-dia todos os dias.

（私は毎日正午に昼食をとる。）

Tanto minha esposa como eu amamos muito nossos filhos.

（妻も私も子どもたちのことをとても愛している。）

Quick Review
- 笑う
- 持っている；所有する
- 来る
- 見る；見える，会う
- 置く，身につける
- 行く
- である
- 雨が降る

CHECK-1 ▶ CHECK-2 ◀ 🎧41 ▶

名詞

形容詞

動詞

副詞

その他

□ 335
andar
進む，歩く，機能する

メモ andar a pé（徒歩で歩く）

□ 336
apagar
（火／電気／ガスを）消す

メモ apagueはvocêに対する命令形
反義 acender（（火／電気／ガスを）つける）（→ p.94）

□ 337
apresentar
提出する，紹介する

関連語 〔英〕present（贈呈する，提出する，紹介する）

□ 338
atacar
非難する，攻撃する

関連語 〔英〕attack（攻撃する）

□ 339
atrasar
遅らせる；遅れる，延期する

□ 340
cansar-se
疲れる

反義 descansar（休む；休息する）（→ p.82）
注意 seは主語の人称・数に合わせて変化する（→ p.163）

□ 341
cantar
歌う，（鳥や虫などが）鳴く；さえずる

関連語 canto（歌），〔仏〕chanson（シャンソン），
〔伊〕canzone（カンツォーネ）

□ 342
casar-se
結婚する

イメージ 一家〔casa（→ p.46）〕を構える
注意 seは主語の人称・数に合わせて変化する（→ p.163）

Quick Review
☐ acabar ☐ achar ☐ acompanhar ☐ acordar
☐ aguentar ☐ ajudar ☐ almoçar ☐ amar

Снеск-3

Seu menino já anda?

（あなたのお子さんはもう歩きますか？）

Apague a luz, por favor.

（明かりを消してください。）

Gostaria de apresentar a professora Cristina a vocês.

（皆さんにクリスティーナ先生を紹介したいと思います。）

A equipe inimiga ataca como um vagalhão.

（敵チームが怒涛のように攻撃する。）

Tenho que atrasar o pagamento.

（私は支払いを遅らせなければならない。）

As crianças não se cansam tão rápido como os adultos.
（子どもは大人ほど早く疲れない。）

A Leonor canta muito bem.

（レオノールはとても上手に歌う。）

A Paula quer se casar com um milionário.

（パウラは億万長者と結婚したがっている。）

Quick Review
☐ 終える；終わる ☐ 見つける，思う ☐ 一緒に行く；付き添う ☐ 目が覚める、合図する、思い出させる
☐ 我慢する，支える ☐ 助ける；手伝う；援助する ☐ 昼食をとる ☐ 愛する；愛している

名詞
形容詞
動詞
副詞
その他

CHECK-1 ▶ CHECK-2 ◀ 🎧42 ▶

☐ 343
chamar
呼ぶ；招集する

☐ 344
chamar-se
～という名前である
メモ 「自分自身〔se〕を～と呼ぶ〔chamar〕→～という名前である」
注意 seは主語の人称・数に合わせて変化する (→ p.163)

☐ 345
chegar
到着する，達する
反義 partir（分ける，出発する）(→ p.98)

☐ 346
chorar
泣く；嘆く

☐ 347
começar
始める；始まる
反義 acabar（終える；終わる）(→ p.76)

☐ 348
comprar
買う
反義 vender（売る；販売する）(→ p.98)

☐ 349
continuar
続ける；続く
関連語 〔英〕continue（続ける，続く）

☐ 350
cortar
切る，中断する
関連語 curto（短い）(→ p.58)，〔英〕cut（切る）
イメージ 鋭い刃で連続体を非連続体にする

Quick Review
☐ andar　☐ apagar　☐ apresentar　☐ atacar
☐ atrasar　☐ cansar-se　☐ cantar　☐ casar-se

Check-3

Chamam à porta.

（誰かが戸口で呼んでいる。）

— Como se chama?　（あなたは何という名前ですか？）
— Chamo-me Keito.　（私は啓仁という名前です。）

Chegaremos a São Paulo daqui a pouco.

（私たちはもうすぐサン・パウロに到着します。）

Este menino chora por qualquer coisa.

（この男の子はどんなことでも泣く。）

＊＊＊＊＊＊＊＊＊＊＊＊＊＊＊＊＊＊＊＊＊＊＊＊＊＊＊＊

A festa vai começar às 6 horas.

（パーティーは 6 時に始まる。）

Não tenho dinheiro suficiente para comprar um carro novo.
（私には，その新車を買うのに十分なお金がない。）

A estrada continua mais além da fronteira.

（その道路は国境の向こうまで続いている。）

Esta tesoura não corta bem.

（このハサミはよく切れない。）

Quick Review
□ 進む，歩く，機能する　□ (火/電気/ガスを) 消す　□ 提出する，紹介する　□ 非難する，攻撃する
□ 遅らせる；遅れる，延期する　□ 疲れる　□ 歌う，(鳥や虫などが) 鳴く；さえずる　□ 結婚する

CHECK-1 ▶ CHECK-2 ◀ 🎧43 ▶

□ 351
custar
（費用が）かかる，値段が〜である

関連語〔英〕cost（（費用が）かかる，値段が〜である）

□ 352
dançar
踊る

関連語〔英〕dance（踊る）

□ 353
deixar
置いておく，去る，別れる，捨てる

メモ deixeはvocêに対する命令形
イメージ 何かを残して，その場を離れる

□ 354
descansar
休む；休息する

反義 cansar-se（疲れる）(→ p.78)
イメージ 疲れ〔cans-(=cansaço)〕を分離〔des-〕する〔-ar〕

□ 355
desejar
強く望む；願う

関連語〔英〕desire（強く望む；願う，願望）

□ 356
empurrar
押す

反義 puxar（引く；引っ張る）(→ p.90)

□ 357
encontrar
見つける，出会う

関連語〔英〕encounter（偶然出会う）

□ 358
entrar
入る，始まる

関連語〔英〕enter（入る）
反義 sair（出る，離れる）(→ p.104)

Quick Review
□ chamar □ chamar-se □ chegar □ chorar
□ começar □ comprar □ continuar □ cortar

Сheck-3

O projeto nos custa cerca de dez mil reais por mês.

(そのプロジェクトには月におよそ 1 万レアルかかる。)

Você quer dançar comigo?

(あなたは私と踊りたいですか？→私と踊りませんか？)

Não me deixe, por favor!

(私を置いていかないで！)

Vamos descansar um pouco.

(ちょっと休みましょう。)

• •

Desejo que não chova amanhã.

(私は, 明日, 雨が降らないことを強く望む。→明日, 雨が降らないでほしい。)

Temos que empurrar este carro até o próximo posto de gasolina.
(私たちはこの車を近くのガソリンスタンドまで押さなくてはいけない。)

Não encontro nenhuma avaria, mas o motor não funciona.

(私には何の故障も見つからないが, エンジンが動かない。)

O ar entra pela janela.

(風が窓を通って入ってくる。)

Quick Review

☐ 呼ぶ；招集する	☐ ～という名前である	☐ 到着する, 達する	☐ 泣く；嘆く
☐ 始める：始まる	☐ 買う	☐ 続ける；続く	☐ 切る, 中断する

CHECK-1 ▶ CHECK-2 ◀ 🎧44 ▶

名詞

形容詞

動詞

副詞

その他

□ 359
enviar
送る，導く，派遣する

□ 360
esperar
待つ，期待する

□ 361
estudar
勉強する，研究する

関連語 estudante（学生）(→ p.34)，〔英〕study（勉強する，研究する）

□ 362
falar
話す，しゃべる

関連語 〔英〕fable（寓話）
メモ 話す行為そのものに焦点が当たっている

□ 363
fechar
閉める；閉まる

反義 abrir（開ける；開く）(→ p.98)

□ 364
ficar
とどまる，残る，〜になる

メモ 「〜になる」の意では、動詞estar (→ p.104)に対する「一時的な状態変化」を表す

□ 365
fumar
煙草を吸う；喫煙する

関連語 〔英〕fume（ガス，煙），〔英〕perfume（香水）

□ 366
ganhar
手に入れる，稼ぐ，勝つ

関連語 〔英〕gain（獲得する）
反義 perder（失う，負ける，乗り遅れる）(→ p.100)

Quick Review
☐ custar ☐ dançar ☐ deixar ☐ descansar
☐ desejar ☐ empurrar ☐ encontrar ☐ entrar

CHECK-3

Envio um presente ao meu amigo no Brasil no seu aniversário todos os anos.
（私は毎年ブラジルにいる友達の誕生日にプレゼントを送っている。）

— Por quem espera?　　　（あなたは誰を待っているの？）
— Não espero por ninguém.（僕は誰も待っていないよ。）

Estudo literatura brasileira na universidade.

（私は大学でブラジル文学を勉強している。）

Meu filho já fala.

（私の息子はもう言葉を話す。）

Esta porta não fecha bem.

（このドアはよく閉まらない。）

A família viajou, mas Paulo ficou em casa.

（家族は旅行しましたが、パウロは家に残りました。）

Não fumo nem bebo.

（私はタバコを吸わないし，酒も飲まない。）

O Mário ganha cinco mil euros por mês.

（マリオは月に 5 千ユーロ稼ぐ。）

Quick Review
- [ ] (費用が) かかる，値段が…てある
- [ ] 踊る
- [ ] 強く望む；願う
- [ ] 押す
- [ ] 置いておく，去る，別れる，捨てる
- [ ] 見つける，出会う
- [ ] 休む；休息する
- [ ] 入る，始まる

CHECK-1 ▶ CHECK-2 ◀ 🎧45 ▶

名詞
形容詞
動詞
副詞
その他

☐ 367
gostar
好む；好きである
注意 「〜を好む」の意は[gostar de 〜]の形で用いられる

☐ 368
jantar
夕食をとる
メモ 「夕食」の意の名詞としても用いられる (→ p.35)

☐ 369
jogar
遊ぶ, (球技／ゲームなどを) する
関連語 〔英〕joke(冗談)
メモ 意味の面において英語playに相当

☐ 370
lavar
洗う
関連語 〔英〕launder(洗濯する), 〔英〕laundry(クリーニング店),
〔英〕lavatory(トイレ, 洗面所)

- -

☐ 371
lembrar
思い出す, 覚えている
反義 esquecer(忘れる) (→ p.100)

☐ 372
levantar
上げる, 起こす
関連語 〔英〕lever(取っ手, レバー), 〔英〕elevate(上げる)

☐ 373
levar
持って行く, 連れて行く
メモ 形容詞leve(軽い) (→ p.58)から派生
イメージ 軽くて[lev-(=leve)]持ち運びできる
反義 trazer(持って来る, 連れて来る) (→ p.102)

☐ 374
ligar
つなぐ, (電気を)つける, 電話をかける
関連語 〔英〕league(連盟；リーグ)

Quick Review
☐ enviar ☐ esperar ☐ estudar ☐ falar
☐ fechar ☐ ficar ☐ fumar ☐ ganhar

CHECK-3

A Kiyomi gosta muito de figo.

（清美はイチジクをとても好む。→清美はイチジクがとても好きだ。）

Janto sempre às oito.

（私はいつも 8 時に夕食をとる。）

Os meninos gostam de jogar futebol.

（子どもたちはサッカーをすることを好む。）

Vou lavar a roupa enquanto o bebê dorme.

（赤ちゃんが眠っている間に洗濯しよう。）

• •

Não consigo lembrar o nome dele de nenhuma maneira.

（私は彼の名前をどうしても思い出せない。）

O Ricardo é tão forte que pode levantar o carro com os braços.

（リカルドはとても力持ちなので，両腕で自動車を持ち上げることができる。）

O João leva muito dinheiro no bolso.

（ジョアンはポケットに大金を持ち歩いている。）

Desde ontem, não consigo ligar para Paula.

（昨日から，私はどうしてもパウラ（の電話）につながらない。）

Quick Review

- [ ] 送る，導く，派遣する
- [ ] 待つ，期待する
- [ ] 勉強する，研究する
- [ ] 話す，しゃべる
- [ ] 閉める；閉まる
- [ ] とどまる，残る，〜になる
- [ ] 煙草を吸う；喫煙する
- [ ] 手に入れる，稼ぐ，勝つ

名詞 / 形容詞 / 動詞 / 副詞 / その他

□ 375
morar
住む

□ 376
mostrar
見せる，表す

関連語 〔英〕demonstrate（明示する）

□ 377
olhar
見る；視線を向ける

関連語 ver（見る；見える，会う）（→ p.106）
メモ olharは「視線を向ける」の意

□ 378
pagar
支払う，償(つぐな)う

□ 379
parar
止まる，とどまる

注意 「直・現・3・単」形paraと前置詞para（～へ，～のために）（→ p.138）とを混同しないように！

□ 380
passar
通る，超える

関連語 〔英〕pass（通る，通り過ぎる）

□ 381
pegar
くっつける，感染する，乗る，つかむ

メモ 意味の面において〔英〕catchにほぼ相当
ポル apanhar

□ 382
pensar
考える；思う

関連語 pesar（重さを量る，重さがある）（→ p.90）
イメージ 頭の中の天秤(てんびん)で物事の重さを量る〔pens-(＝pesar)〕

Quick Review
□ gostar　□ jantar　□ jogar　□ lavar
□ lembrar　□ levantar　□ levar　□ ligar

Check-3

Os Nunes moram em Lisboa.

（ヌーネス一家はリスボンに住んでいる。）

Para entrar em outro país, temos que mostrar nosso passaporte.

（他国に入るためには，私たちはパスポートを見せなければならない。）

A Raquel se virou para olhar a cara dele.

（ラケルは彼の顔を見るために振り向いた。）

Pago duzentos euros por mês pelo quarto.

（私は月２００ユーロの部屋代を支払っている。）

- -

Esse trem para em todas as estações.

（その列車は全ての駅に止まる。→その列車は各駅停車だ。）

O fio não passa pelo buraco da agulha.

（糸が針の穴を通らない。）

Dá para pegar o último trem do dia?

（私は最終電車に乗れますか？→私は最終電車に間に合いますか？）

É melhor pensar nisso um pouco mais.

（それについてもう少し考えた方がいい。）

Quick Review
☐ 好む；好きである　☐ 夕食をとる　　☐ 遊ぶ，(球技/ゲームなどを)する　☐ 洗う
☐ 思い出す，覚えている　☐ 上げる，起こす　☐ 持って行く；連れて行く　☐ つなぐ，(電気を)つける，電話をかける

名詞

形容詞

動詞

副詞

その他

□ 383
perguntar
質問する；尋ねる

□ 384
pesar
重さを量る，重さがある

関連語 pensar（考える；思う）(→ p.88)

□ 385
procurar
さがす；求める

関連語 〔英〕cure（世話，気を配る）
イメージ 前方に〔pro-〕気を配る〔-curar〕

□ 386
puxar
引く；引っ張る

反義 empurrar（押す）(→ p.82)
注意 〔英〕push（押す）からの類推で意味を間違えないように！

・・・

□ 387
quebrar
壊す；割る；折る；破る

□ 388
reservar
予約する，取っておく

関連語 〔英〕reserve（予約する，取っておく）

□ 389
roubar
盗む

関連語 〔英〕rob（盗む）

□ 390
segurar
固定する，支える，つかむ

関連語 〔英〕secure（安全な，確かな，確保する，固定する）
メモ segureはvocêに対する命令形

Quick Review
□ morar　　□ mostrar　　□ olhar　　□ pagar
□ parar　　□ passar　　□ pegar　　□ pensar

Сньеск-3

Queria perguntar o caminho.

（道を尋ねたいのですが…。）

— Quanto a sua mala pesa? （あなたのカバンはどのくらいの重さですか？）
— Pesa vinte quilos. 　　　（20kg の重さがあります。）

Procuro emprego, mas ainda não o encontro.

（私は仕事をさがしているが，まだ見つかっていない。）

Por mais que empurre, esta porta não se abre. Você tem que puxar.

（いくら押してもこのドアは開かないよ。引かなくてはいけないよ。）

Tenha cuidado para não quebrar os pratos!

（皿を割らないように気を付けて！）

Queria reservar um quarto.

（部屋を予約したいのですが…。）

O Manuel tem a intenção de roubar dados para vender à companharival.

（マヌエルは，ライバル会社に売るためにデータを盗むつもりだ。）

Segure bem esta corda e não a largue.

（このロープをしっかりつかんで，放すなよ。）

CHECK-1 ▶ CHECK-2 ◀ 🎧48 ▶

名詞
形容詞
動詞
副詞
その他

☐ 391
sentar-se
座る
注意 seは主語の人称・数に合わせて変化する (→ p.163)
メモ sente-seはvocêに対する命令形

☐ 392
tentar
試みる；試す，努める
関連語 〔英〕attempt(試みる；企てる，試み；企て)

☐ 393
tirar
取る，引く，脱ぐ，放つ

☐ 394
tocar
触れる，(楽器を)演奏する

• •

☐ 395
tomar
取る，飲む；食べる，(乗り物に)乗る
メモ 意味の面において〔英〕takeにほぼ相当

☐ 396
tornar-se
～になる
注意 seは主語の人称・数に合わせて変化する (→ p.163)
メモ 動詞ser (→ p.106)に対する変化を表す。tornou-se
は「直・完・3・単」形

☐ 397
trabalhar
働く

☐ 398
trocar
交換する；替える

Quick Review
☐ perguntar ☐ pesar ☐ procurar ☐ puxar
☐ quebrar ☐ reservar ☐ roubar ☐ segurar

Cʜᴇᴄᴋ-3

Sente-se aqui, por favor.

（ここに座ってください。）

Tento sair de viagem, mas mão consigo.

（私は旅に出ようとするができない。）

Antes de cozinhar, temos que tirar as sementes da maçã.

（料理する前に，私たちはリンゴの種を取らなければならない。）

O Ricardo não só canta, mas também toca piano.

（リカルドは歌うだけではなく，ピアノも演奏する。）

Vamos tomar algo naquele bar!

（あのバールで何か飲もう！）

Finalmente, o Mário se tornou pai.

（ついに，マリオは父親になった。）

Minha mãe trabalha dia e noite sem descanso.

（私の母は昼も夜も休みなく働いている。）

Quero trocar ienes em reais.

（私は円をレアルに替えたい。）

Quick Review
- 質問する；尋ねる
- 重さを量る，重さがある
- さがす；求める
- 引く；引っ張る
- 壊す；割る；折る；破る
- 予約する，取っておく
- 盗む
- 固定する，支える，つかむ

CHECK-1 ▶ CHECK-2 ◀ 🎧49 ▶

名詞
形容詞
動詞
副詞
その他

□ 399
usar
使う；利用する

関連語 〔英〕use(使う；利用する)

□ 400
viajar
旅行する

関連語 〔英〕voyage(航海)

□ 401
virar
向きを変える，ひっくり返す，曲がる

イメージ 回転
メモ virou は「直・完・3・単」形

□ 402
visitar
訪問する；訪れる，見舞う

関連語 〔英〕visit(訪問する；訪れる，見舞う)

□ 403
voltar
戻る；帰る，再び〜する

関連語 〔英〕revolve(回転させる), 〔英〕involve(巻き込む)
イメージ 回転

□ 404
acender
(火／電気／ガスを) つける

反義 apagar((火／電気／ガスを)消す) (→ p.78)

□ 405
aprender
学ぶ，習得する；覚える

関連語 〔英〕apprehend(捉える)
イメージ 物事を捉えて頭の中に入れる

□ 406
beber
飲む

メモ 意味的に〔英〕drinkに相当。一般的な「液体を飲む」の意で用いられるが，特に「お酒を飲む」の意でも用いられる。

Quick Review
- [ ] sentar-se
- [ ] tentar
- [ ] tirar
- [ ] tocar
- [ ] tomar
- [ ] tornar-se
- [ ] trabalhar
- [ ] trocar

Check-3

— Posso usar o telefone? （電話を使っていいですか？）
— Claro! （もちろん！）

Quero viajar por todo o mundo.

（私は世界中を旅行したい。）

O volante está quebrado e não consigo virar para a direita.

（ハンドルが壊れていて，右に曲がることができない。）

É a primeira vez que visito este país.

（私はこの国を訪れるのは初めてだ。）

- -

Volto para casa às seis.

（私は6時に帰宅する。）

Podemos acender o aparelho com um toque.

（その器具はワンタッチでつけることができる。）

É importante fazer exercícios de repetição para aprender uma língua estrangeira.

（外国語を学ぶためには反復練習をすることが必要だ。）

Não bebo álcool.

（私は酒を飲まない。）

Quick Review

| ☐ 座る | ☐ 試みる；試す，努める | ☐ 取る，引く，脱ぐ，放つ | ☐ 触れる，(楽器を)演奏する |
| ☐ 取る, 飲む；食べる，(乗物に)乗る | ☐ ～になる | ☐ 働く | ☐ 交換する；替える |

名詞 / 形容詞 / 動詞 / 副詞 / その他

□ 407
comer
食べる
関連語 comida（食べ物）（→ p.36）

□ 408
correr
走る，（水，時が）流れる
関連語 〔英〕current（流れ），〔英〕corridor（廊下）

□ 409
defender
守る；保護する
関連語 〔英〕defend（守る）

□ 410
dever
～するべきである，～しなければならない，～に違いない
関連語 〔英〕debt（借金：当然支払われるべきもの）
メモ 意味的に〔英〕mustに相当

□ 411
entender
理解する；分かる
関連語 〔英〕intend（意図する，～するつもりだ）

□ 412
escolher
選ぶ；選択する
イメージ 複数のものの中から〔es-=ex-〕これと思うものを採る〔colher〕

□ 413
escrever
書く，著す
関連語 〔英〕describe（描写する）

□ 414
responder
答える，応答する
関連語 〔英〕respond（答える）

Quick Review
- [ ] usar
- [ ] viajar
- [ ] virar
- [ ] visitar
- [ ] voltar
- [ ] acender
- [ ] aprender
- [ ] beber

CHECK-3

O que você quer comer?

(あなたは何を食べたいのですか？)

Não me apresse tanto, que não quero correr.

(そんなに急かすなよ，僕は走りたくはないんだから。)

Temos que nos defender do inimigo.

(私たちは敵から自身を守らなければならない。)

Antes de tomar uma decisão, devemos compreender a situação.

(決定を下す前に，われわれは状況を把握すべきだ。)

- -

Não consigo entender o que ele diz.

(私は彼が言っていることを理解できない。)

É difícil escolher entre tantas coisas boas.

(たくさんの良いものの間で選ぶことが難しい。
→良いものがたくさんあって選ぶのが難しい。)

Não sei escrever esta palavra.

(私はこの単語を書くことができない。→私はこの単語のつづりを知らない。)

O professor responde às perguntas dos alunos.

(先生は学生からの質問に答える。)

Quick Review

☐ 使う；利用する　☐ 旅行する　☐ 向きを変える，ひっくり返す　☐ 訪問する；訪れる，見舞う
☐ 戻る；帰る，再び〜する　☐ (火/電気/ガスを)つける　☐ 学ぶ，習得する；覚える　☐ 飲む

CHECK-1 ▶ CHECK-2 ◀ 🎧51 ▶

□ 415
vender
売る；販売する
反義 comprar（買う）(→ p.80)
関連語 〔英〕vending machine（自動販売機）

□ 416
viver
生きる，住む；生活する
関連語 〔英〕vivid（生き生きとした），〔英〕survive（生き残る）

□ 417
abrir
開ける；開く
反義 fechar（閉める；閉まる）(→ p.84)

□ 418
assistir
出席する；参加する，観戦する
関連語 〔英〕assist（助ける），assistant（助手）

□ 419
dividir
分ける；分割する
関連語 〔英〕divide（分ける）

□ 420
partir
分ける，出発する
関連語 〔英〕part（分ける，部分），〔英〕departure（出発）
反義 chegar（到着する，達する）(→ p.80)

□ 421
permitir
許す；許可する
関連語 〔英〕permission（許可）

□ 422
conhecer
④
（体験によって）知っている
メモ 「知識として知っている」場合はsaber (→ p.102)を用いる

名詞 形容詞 動詞 副詞 その他

Quick Review
□ comer □ correr □ defender □ dever
□ entender □ escolher □ escrever □ responder

CHECK-3

A Joana vende frutas no mercado.

（ジョアナは市場で果物を売っている。）

Quero viver até os cem anos.

（私は 100 歳まで生きたい。）

Os bancos abrem às nove.

（銀行は 9 時に開く。）

Assisto à missa todos os domingos.

（私は毎週日曜日にミサに参加しています。）

Temos que dividir este bolo em cinco partes.

（私たちはこのケーキを 5 つに分けなければならない。）

— Em que dia você parte? （あなたは何日に出発しますか？）
— Parto no dia quinze.　（私は 15 日に出発します。）

Nesta biblioteca se permite levar para casa os livros emprestados.
（この図書館では，借りた本を家に持って行くことが許されている。）

Conheço bem o Rio de Janeiro.

（私は（行ったことがあって，）リオ・デ・ジェネイロをよく知っている。）

Quick Review

- ☐ 食べる
- ☐ 理解する；分かる
- ☐ 走る，(水，時が) 流れる
- ☐ 選ぶ；選択する
- ☐ 守る；保護する
- ☐ 書く，著す
- ☐ ~ することができる，~ しなければならない，~ に違いない
- ☐ 答える，応答する

CHECK-1 ▶ CHECK-2 ◀ 🎧52 ▶

名詞 / 形容詞 / 動詞 / 副詞 / その他

□ 423
descer
④
下がる，降りる
反義 subir（上がる，登る，乗る）(→ p.104)

□ 424
esquecer
④
忘れる
反義 lembrar（思い出す，覚えている）(→ p.86)

□ 425
vencer
④
勝つ
類義 ganhar（手に入れる，稼ぐ，勝つ）(→ p.84)
反義 perder（失う，負ける，乗り遅れる）(→ p.100)

□ 426
perder
⑤
失う，負ける，乗り遅れる
反義 ganhar（手に入れる，稼ぐ，勝つ）(→ p.84)，vencer（勝つ）

□ 427
poder
⑥
～できる，～してよい，～かもしれない
関連語 〔英〕power（力），〔英〕potential（潜在的な），〔英〕possible（可能な）
メモ 「努力の結果，何とか～できる／どうしても～できない」場合はconseguir (→ p.102)を用いる

□ 428
ouvir
⑦
聞く；聞こえる
関連語 〔英〕audio（音の）

□ 429
dormir
⑧
眠る；寝る
関連語 dormitório（寄宿舎，寝室），〔英〕dormitory（寮）

□ 430
sentir
⑨
感じる，残念に思う
関連語 〔英〕sense（感覚），〔英〕sentiment（感情）

Quick Review
□ vender □ viver □ abrir □ assistir
□ dividir □ partir □ permitir □ conhecer

CHECK-3

Vou descer do trem na próxima estação.

（私は次の駅で電車から降ります。）

É melhor esquecer as coisas desagradáveis.

（嫌なことは忘れる方がいい。）

Jogo sempre para vencer.

（私はいつも勝つためにプレイしている。）

Eu sempre perco minha carteira.

（私はいつも財布を失う。）

- -

Eu não posso comer este produto porque sou alérgico a trigo.

（私は小麦アレルギーなので，この製品を食べられない（＝食べてはいけない））

Hoje em dia, os jovens não ouvem seus pais.

（近ごろ，若者は親の言うことを聞かない。）

Todos os dias durmo oito horas ou mais.

（私は毎日 8 時間以上眠る。）

Sinto grande apreço por meu pai.

（私は父に大いなる尊敬の念を感じている。）

Quick Review

- ☐ 売る；販売する
- ☐ 分ける；分割する
- ☐ 生きる，住む；生活する
- ☐ 分ける，出発する
- ☐ 開ける；開く
- ☐ 許す；許可する
- ☐ 出席する；参加する，観戦する
- ☐ （体験によって）知っている

101

Check-1 ▶ Check-2 ◀ 🎧53 ▶

□ 431

seguir
(10)

後について行く，従う，続けて行う

関連語 〔英〕sequence（連続），〔英〕consequence（結果），
〔英〕second（第2の，秒）

□ 432

conseguir
(10)

獲得する，（努力の結果）何とか～できる

関連語 〔英〕consequence（結果）
メモ 「（内在的能力が有る/無いによって）～できる/～できない」または「（してもいい/いけないによって）～できる/～できない」場合はpoder（→ p.100）を用いる

□ 433

saber
(11)

（知識として）知っている，～できる

メモ 「体験によって知っている」場合はconhecer（→ p.98）を用いる

□ 434

querer
(12)

欲する，～したい

メモ 意味的に〔英〕wantに相当

• •

□ 435

doer
(13)

（人に）痛みを与える

メモ 主語は3人称のみ

□ 436

dizer
(14)

言う；語る

メモ 主に伝達行為や伝達内容に焦点が当たっている

□ 437

trazer
(14)

持って来る，連れて来る

反義 levar（持って行く，連れて行く）（→ p.86）

□ 438

fazer
(15)

作る，～する

メモ 意味的に〔英〕makeまたは〔英〕doに相当

Quick Review

☐ descer ☐ esquecer ☐ vencer ☐ perder
☐ poder   ☐ ouvir   ☐ dormir ☐ sentir

名詞 形容詞 動詞 副詞 その他

CHECK-3

Devemos seguir o conselho dela.

（我々は彼女の助言に従うべきだ。）

Não consigo comer mais nada porque estou com a barriga cheia.

（私はお腹がいっぱいで，もう何も食べられない。）

Não sei o que ele pensa.

（私は彼が考えていることを知らない。）

Quero tomar um café ou qualquer outra coisa.

（私はコーヒーか何か飲みたい。）

· ·

Dói-me a cabeça.

（頭が私に痛みを与えている。→私は頭が痛い。）

Não tenho nada a dizer sobre esse assunto.

（私はその件について言うことは何もない。）

Trago uma carta para sua mãe.

（私は君のお母さん宛ての手紙を持って来ている。）

Tenho muitas coisas a fazer.

（私にはしなければならないことがたくさんある。）

Quick Review
□ 下がる，降りる　□ 忘れる　□ 勝つ　□ 失う，負ける，乗り遅れる
□ ~できる，~してよい，~かもしれない　□ 聞く；聞こえる　□ 眠る；寝る　□ 感じる，残念に思う

名詞
形容詞
動詞
副詞
その他

CHECK-1 ▶ CHECK-2 ◀ 🎧54 ▶

☐ 439
cair
⑯
落ちる，降りる，転ぶ

メモ 名詞形はqueda（落下，転倒，失脚）（→ p.16）

☐ 440
sair
⑯
出る，離れる

反義 entrar（入る，始まる）（→ p.82）

☐ 441
estar
⑰
（～という状態）である，～にある／いる

メモ 意味の面で〔英〕beに相当し，「一時的」なものに用いられる
注意 「恒常的」なものには ser（→ p.106）を用いる

☐ 442
dar
⑰
与える；あげる，提供する

・・

☐ 443
haver
⑱
存在する；ある

メモ 「存在する；ある」の意ではhá の形でのみ用いられる

☐ 444
proibir
⑲
禁止する

関連語 〔英〕prohibit（禁止する）

☐ 445
subir
⑳
上がる，登る，乗る

反義 descer（下がる，降りる）（→ p.100）

☐ 446
ler
㉑
読む

メモ estou lendoは現在進行形

Quick Review
☐ seguir ☐ conseguir ☐ saber ☐ querer
☐ doer ☐ dizer ☐ trazer ☐ fazer

CHECK-3

A fruta madura cai das árvores.

（熟した果実は木から落ちる。）

O trem para São Paulo sai ao meio-dia.

（サン・パウロ行きの電車は正午に出る。）

Estou contente com minha vida atual.

（私は今の生活に満足している。）

Dou este anel a você.

（私は君にこの指輪をあげよう。）

• •

Há muitos livros na estante.

（本棚にたくさんの本がある。）

O pai proíbe que sua filha saia depois de escurecer.

（その父親は娘が暗くなってから出かけることを禁じている。）

A Tokyo Sky Tree sobe até seiscentos e trinta e quatro metros.

（東京スカイツリー（を見る視線）は 634 メートルまで上がる。
　　　　　　　　→東京スカイツリーは 634 メートルに達する。）

Leio um livro antes de dormir todas as noites.

（私は毎晩寝る前に本を読む。）

Quick Review

☐ 後について行く，従う，続けて行う　☐ 履得する，(努力の結果) 何とか〜できる　☐ (知識として) 知っている，〜できる　☐ 欲する，〜したい
☐ (人に) 痛みを与える　☐ 言う；語る　☐ 持って来る，連れて来る　☐ 作る，〜する

CHECK-1 ▶ CHECK-2 ◀ 🎧55 ▶

名詞

形容詞

動詞

副詞

その他

□ 447
rir
22
笑う

> 【メモ】「直・現・1・単」形rioは「川」の意のrioと発音も綴りも同じ

□ 448
ter
23
持っている；所有する

□ 449
vir
24
来る

□ 450
ver
25
見る；見える，会う

> 【関連語】olhar（見る；視線を向ける）(→ p.88)
> 【メモ】ver は「視界に入れる／入っている」の意

・・

□ 451
pôr
26
置く，身につける

> 【関連語】〔英〕put

□ 452
ir
27
行く

□ 453
ser
28
である

> 【メモ】意味の面で〔英〕beに相当し，「恒常的」なものに用いられる
> 【注意】「一時的」なものにはestar (→ p.104) が用いられる

□ 454
chover
29
雨が降る

> 【メモ】3人称・単数形の形でのみ用いられる

Quick Review
- [ ] cair
- [ ] haver
- [ ] sair
- [ ] proibir
- [ ] estar
- [ ] subir
- [ ] dar
- [ ] ler

CHECK-3

Nunca rio da desgraça alheia.

（私は決して他人の不幸を笑わない。）

— Tem um isqueiro?　　　（あなたはライターを持っていますか？）
— Sim, tenho.　　　（はい，私は持っています。）

— Você vem aqui amanhã?（あなたは明日ここに来ますか？）
— Não, não venho.　　　（いいえ，私は来ません。）

Há muito tempo que não o vejo.

（長い間，私は彼を見ていない。）

· ·

Onde é que ponho o seu café?

（私はどこにあなたのコーヒーを置きましょう？）

Nas férias de verão vou ao Rio com minha família para ver meus avós.

（私は夏休みには，祖父母に会うために家族でリオに行く。）

Não sou chinês, mas sim japonês.

（私は中国人でなく日本人です。）

No Japão chove muito em junho.

（日本では 6 月にたくさん雨が降ります。）

Quick Review

- [ ] 落ちる，降りる，転ぶ
- [ ] 存在する；ある
- [ ] 出る，離れる
- [ ] 禁止する
- [ ] （〜という状態）である，〜にある/いる
- [ ] 上がる，登る，乗る
- [ ] 与える；あげる，提供する
- [ ] 読む

Posso ＋［動詞の原形］ ?
（〜してもいいですか？）

例) **Posso** entrar?
（入ってもいいですか？）

　「〜してもいいですか？」と許可を得たいときには，"Posso ＋［動詞の原形］?" の形を用います。 この "posso" は「〜することができる」を意味する動詞 poder（→ p.100）の直説法・現在・1 人称・単数形です。直後に動詞の原形を伴い，「私は〜することができますか？→私は〜してもいいですか？」の意を表します。意味的に英語の "Can I 〜?" と並行します。

　例えば，他人の部屋に入るときにはドアをノックした後に一言，次の（1）のように言います。

　（1）"**Posso** entrar?"（私は入ることができますか？→入ってもいいですか？）

　答えるときには，「入ってもいい場合」には "Pode (entrar)."（（入っても）いいですよ）と，他方，「入っては駄目な場合」には "Não pode (entrar)."（（入っては）駄目です）となります。

　この "Posso 〜?" という表現はジェスチャーを交えることで，さらに便利な表現となります。例えば，「椅子を持って行きたい」とき，「映画館などで空席に座りたい」とき，「タバコを吸いたい」ときには，それぞれ以下（2 a-c）のように使えば OK です。

　（2）a. ［椅子を引き寄せながら］"**Posso?**"
　　　 b. ［空席を指さしながら］"**Posso?**"
　　　 c. ［タバコを口元に当てながら］"**Posso?**"

もちろん、それぞれ以下（3 a-c）のように表現することも可能です。

　（3）a. "**Posso** tirar esta cadeira?"（この椅子を持って行ってもいいですか？）
　　　 b. "**Posso** sentar aqui?"（ここに座ってもいいですか？）
　　　 c. "**Posso** fumar?"（タバコを吸ってもいいですか？）

付録 -7：【動詞活用表】

規則変化動詞

◀ 🎧75 ▶

1 amar	愛している
	… -ar 動詞
eu	amo
tu	amas
você, ele, ela	ama
nós	amamos
vós	amais
vocês, eles, elas	amam

2 comer	食べる
	… -er 動詞
eu	como
tu	comes
você, ele, ela	come
nós	comemos
vós	comeis
vocês, eles, elas	comem

3 abrir	開ける
	… -ir 動詞
eu	abro
tu	abres
você, ele, ela	abre
nós	abrimos
vós	abris
vocês, eles, elas	abrem

不規則変化動詞

Ⅰ 1 単型 (1 単だけが変化する動詞)

◀ 🎧76 ▶

❶ -cer で終わる動詞：1 単の語幹 -co → -ço

4 conhecer	知っている
eu	conheço
tu	conheces
você, ele, ela	conhece
nós	conhecemos
vós	conheceis
vocês, eles, elas	conhecem

❷ 語幹の最終子音が変化する動詞

5 perder	失う
eu	perco
tu	perdes
você, ele, ela	perde
nós	perdemos
vós	perdeis
vocês, eles, elas	perdem

6 poder	～できる
eu	posso
tu	podes
você, ele, ela	pode
nós	podemos
vós	podeis
vocês, eles, elas	podem

7 ouvir	聞く
eu	ouço
tu	ouves
você, ele, ela	ouve
nós	ouvimos
vós	ouvis
vocês, eles, elas	ouvem

❸ 語幹の母音が変化する動詞

8 dormir	眠る
eu	durmo
tu	dormes
você, ele, ela	dorme
nós	dormimos
vós	dormis
vocês, eles, elas	dormem

9 sentir	感じる
eu	sinto
tu	sentes
você, ele, ela	sente
nós	sentimos
vós	sentis
vocês, eles, elas	sentem

10 conseguir	獲得する

eu	consigo
tu	consegues
você, ele, ela	consegue
nós	conseguimos
vós	conseguis
vocês, eles, elas	conseguem

....

❹ 形が全く異なる動詞

11 saber	知っている

eu	sei
tu	sabes
você, ele, ela	sabe
nós	sabemos
vós	sabeis
vocês, eles, elas	sabem

Ⅱ 3単型 (3単だけが変化する動詞)

❶ 3単が語幹の形で終わる動詞

◀ 🎧77 ▶

12 querer	欲する

eu	quero
tu	queres
você, ele, ela	quer
nós	queremos
vós	quereis
vocês, eles, elas	querem

....

② 欠如動詞 (3 単の形が変化し，3 単・3 複以外は活用形が欠如した動詞)

13 doer	痛みを与える
3 人称単数名詞	dói
3 人称複数名詞	doem

Ⅲ 1 単 +3 単型 (1 単は語幹の最終子音が変化し、3 単は語幹の形で終わる動詞)

◀ **🎧78** ▶

14 dizer	言う
eu	digo
tu	dizes
você, ele, ela	diz
nós	dizemos
vós	dizeis
vocês, eles, elas	dizem

15 fazer	作る, する
eu	faço
tu	fazes
você, ele, ela	faz
nós	fazemos
vós	fazeis
vocês, eles, elas	fazem

Ⅳ 3 複以外型 (3 複以外が変化する動詞)

◀ **🎧79** ▶

16 cair	落ちる
eu	caio
tu	cais
você, ele, ela	cai
nós	caímos
vós	caís
vocês, eles, elas	caem

17 estar	である
eu	estou
tu	estás
você, ele, ela	está
nós	estamos
vós	estais
vocês, eles, elas	estão

18 haver	存在する
eu	hei
tu	hás
você, ele, ela	há
nós	havemos
vós	haveis
vocês, eles, elas	hão

19 proibir	禁止する
eu	proíbo
tu	proíbes
você, ele, ela	proíbe
nós	proibimos
vós	proibis
vocês, eles, elas	proíbem

20 subir	上がる
eu	subo
tu	sobes
você, ele, ela	sobe
nós	subimos
vós	subis
vocês, eles, elas	sobem

21　ler　読む

eu	leio
tu	lês
você, ele, ela	lê
nós	lemos
vós	ledes
vocês, eles, elas	leem

22　rir　笑う

eu	rio
tu	ris
você, ele, ela	ri
nós	rimos
vós	rides
vocês, eles, elas	riem

23　ter　持っている

eu	tenho
tu	tens
você, ele, ela	tem
nós	temos
vós	tendes
vocês, eles, elas	têm

24　vir　来る

eu	venho
tu	vens
você, ele, ela	vem
nós	vimos
vós	vindes
vocês, eles, elas	vêm

25　ver　見る

eu	vejo
tu	vês
você, ele, ela	vê
nós	vemos
vós	vedes
vocês, eles, elas	veem

無規則型 (全ての人称・数が無規則に変化する動詞)

◀ 🎧 83 ▶

26	pôr	置く
eu		ponho
tu		pões
você, ele, ela		põe
nós		pomos
vós		pondes
vocês, eles, elas		põem

27	ir	行く
eu		vou
tu		vais
você, ele, ela		vai
nós		vamos
vós		ides
vocês, eles, elas		vão

28	ser	である
eu		sou
tu		és
você, ele, ela		é
nós		somos
vós		sois
vocês, eles, elas		são

Ⅸ 単人称動詞型 (3 単だけしか活用形が存在しない動詞。主語も取らない)

29	chover	雨が降る
		chove

dia （日）

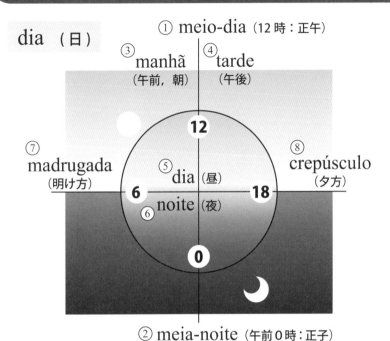

① meio-dia （12時：正午）

③ manhã （午前, 朝）　④ tarde （午後）

⑦ madrugada （明け方）

⑤ dia （昼）

⑥ noite （夜）

⑧ crepúsculo （夕方）

12　18　6　0

② meia-noite （午前0時：正子）

semana （週）

segunda-feira	月曜日		
terça-feira	火曜日		
quarta-feira	水曜日	dias úteis	平日
quinta-feira	木曜日		
sexta-feira	金曜日		
sábado	土曜日	fim de semana	週末
domingo	日曜日		

副　詞

※数字は、音声のトラック番号です

Check-1 ▶ Check-2 ◀ 🎧56 ▶

□ 455
cedo
早くに, 早めに

□ 456
tarde
遅くに, 遅れて

□ 457
rapidamente
すぐに, 素早く

関連語 〔英〕rapidly（速く）

□ 458
devagar
ゆっくりと

• •

□ 459
lentamente
ゆっくりと

□ 460
logo
直ちに；すぐに

関連語 〔英〕local（場所の）
イメージ その場で行う

□ 461
imediatamente
直ちに；すぐに

関連語 〔英〕immediately（直ぐに）
イメージ 仲介物（-mediata）を置かない（i-）→間を置かない

□ 462
já
今すぐ, もう；既に

メモ 意味的に〔英〕alreadyに相当

Quick Review 🕮【P.126】

□ completamente　　□ exatamente　　□ certamente　　□ talvez
□ provavelmente　　□ especialmente　　□ realmente　　□ apenas

名詞 形容詞 動詞 副詞 その他

CHECK-3

Amanhã tenho que me levantar cedo para ir ao trabalho.

（明日，私は仕事に行くために早くに起きなければならない。）

O Mário está muito cansado, pois ontem trabalhou até tarde.

（マリオはとても疲れている。というのも，彼は昨日遅くまで仕事していたからだ。）

A moda muda rapidamente.

（流行はすぐに変わる。）

Feche devagar a porta, ou o bebê vai acordar!

（ドアをゆっくりと閉めてください。さもないと，赤ちゃんが起きてしまう!）

· ·

Os preços estão subindo lentamente.

（価格はゆっくりと上昇している。）

Até logo!

（また後でね！）

Acudi imediatamente ao local do acidente.

（彼は直ちに事故現場に駆け付けた。）

O jantar já está pronto!

（夕食はもう準備できています。）

Quick Review
- ☐ 完全に，申し分なく ☐ 確かに ☐ 確かに，正確に ☐ 多分
- ☐ おそらく ☐ 特に，特別に ☐ 実際に，本当に，全く ☐ ただ〜，〜だけ

CHECK-1 ▶ CHECK-2 ◀ 🎧57 ▶

名詞

□ 463
então   そのとき；当時，それで

メモ 意味的に〔英〕thenに相当

形容詞

□ 464
ainda   まだ，今でも

□ 465
agora   今

動詞

□ 466
antes   前に；先に；以前

関連語 〔英〕anterior（前の，前方の）

副詞

□ 467
depois   後で

□ 468
também   ～もまた，同じように

その他

□ 469
bem   良く，正しく，十分に，上手に

関連語 〔英〕benefit（利益，恩恵）

□ 470
mal   悪く

関連語 〔英〕malice（悪意）

Quick Review
□ cedo   □ tarde   □ rapidamente   □ devagar
□ lentamente   □ logo   □ imediatamente   □ já

CHECK-3

Então ouvi um riso.

（そのとき，私は笑い声を聞いた。）

O Afonso ainda não tinha chegado ali.

（アフォンソはまだそこに到着していなかった。）

Não sabia disso até agora.

（私は今までそのことを知らなかった。）

Lave as mãos antes de comer.

（食べる前には手を洗いなさい。）

・・

Depois do jantar, vamos ao cinema?

（夕食の後，映画に一緒に行きましょう？）

A Kiyomi é muito bonita e gentil também.

（清美はとても美しく，また親切でもある。）

O Mário fala japonês muito bem.

（マリオはとても上手に日本語を話す。）

Sinto-me mal.

（私は（気分が）悪く感じる。→ 私は気持ち悪い。）

Quick Review

☐ 早くに，早めに　☐ 遅くに，遅れて　☐ すぐに，素早く　☐ ゆっくりと
☐ ゆっくりと　　　☐ 直ちに；すぐに　☐ 直ちに；すぐに　☐ 今すぐ，もう；既に

CHECK-1 ▶ CHECK-2 ◀ 🎧 58 ▶

名詞

□ 471
sempre
いつも；常に

メモ 「頻度／可能性」を%として表すと，およそ 100%

形容詞

□ 472
frequentemente
しばしば；頻繁に

メモ 「頻度／可能性」を%として表すと，およそ80 ～ 60%

□ 473
às vezes
時々

メモ 「頻度／可能性」を%として表すと，およそ50%

動詞

□ 474
raramente
めったに～ない

メモ 「頻度／可能性」を%として表すと，およそ20%

・・・

副詞

□ 475
nunca
決して～ない；一度も～ない

メモ 「頻度／可能性」を%として表すと，およそ 0%

□ 476
sim
はい

メモ 意味的に〔英〕yesに相当

その他

□ 477
não
いいえ，～ではない

メモ 意味的に〔英〕noまたは〔英〕notに相当

□ 478
primeiro
まず；最初に

関連語 〔英〕primary（主要な，最初の）

Quick Review

☐ então ☐ ainda ☐ agora ☐ antes
☐ depois ☐ também ☐ bem ☐ mal

Cʜᴇᴄᴋ-3

Este quarto sempre está em ordem.

（この部屋はいつもきちんとしている。）

Me recordo frequentemente da vida em Portugal.

（私はポルトガルでの生活をしばしば思い出す。）

Às vezes me sinto cansado.

（時々，私は疲れを感じます。）

O João vai raramente ao cinema.

（ジョアンはめったに映画館に行かない。）

- -

Nunca estive nos Estados Unidos.

（私はアメリカ合衆国に一度も行ったことがない。）

— Você já vai?　　　　　　　（君はもう出かけるの？）
— Sim. Vou agora mesmo. （はい。今すぐ出かけます。）

— Você gosta de feijoada? （君はフェイジョアーダを好みますか？）
— Não, não gosto. 　　　　（いいえ，私は好みません。）

Primeiro, peça desculpas para ela.

（まず，あなたは彼女に許しを請いなさい。）

Quick Review

☐ そのとき；当時，それで ☐ まだ，今でも ☐ 今 ☐ 前に；先に；以前
☐ 後で ☐ 〜もまた，同じように ☐ 良く，正しく，十分に，上手に ☐ 悪く

CHECK-1 ▶ CHECK-2 ◀ 🎧59 ▶

□ 479

muito

とても；非常に

関連語 〔英〕 multitude（多数）
メモ 形容詞では「多くの」の意 (→ p.26)

□ 480

pouco

ほとんど～ない，ほんの少し

メモ 「少しある」という場合はum poucoを用いる

□ 481

mais

より多く，～以上

メモ muito の比較級

□ 482

menos

より少なく，劣って

メモ pouco の比較級

□ 483

bastante

十分に；かなり

□ 484

quase

ほとんど；ほぼ

□ 485

demais

過度に

□ 486

tão

それほど；非常に

関連語 tanto（(tãoの形容詞形) それほど多くの) (→ p.24)
メモ 意味的に〔英〕soに相当

Quick Review

☐ sempre   ☐ frequentemente   ☐ às vezes   ☐ raramente
☐ nunca   ☐ sim   ☐ não   ☐ primeiro

名詞　形容詞　動詞　副詞　その他

CHECK-3

— Muito obrigado!　　（どうもありがとう！）
— De nada.　　　　　（どういたしまして。）

Tenho pouco dinheiro.

（私はほとんどお金を持っていない。）

Não quero falar mais desse problema.

（私はその問題についてこれ以上話したくない。）

Estava menos cansado do que imaginava.

（私は思っていたより疲れていなかった。）

O Ricardo é bastante alto.

（リカルドはかなり背が高い。）

São quase oito horas.

（ほとんど8時です。）

Papai, não beba demais!

（パパ，過度に飲まないでね！ → パパ，飲み過ぎないでね！）

Não precisa andar tão depressa.

（そんなに急いで歩く必要はありません。）

Quick Review
□ いつも；常に　□ しばしば；頻繁に　□ 時々　□ めったに〜ない
□ 決して〜ない；一度も〜ない　□ はい　□ いいえ，〜ではない　□ まず；最初に

Снеск-1 ▶ Снеск-2 ◀ 🎧60 ▶

名詞 形容詞 動詞 副詞 その他

□ 487

completamente 完全に；申し分なく

関連語 〔英〕completely（完全に）

□ 488

exatamente 確かに

関連語 〔英〕exactly（確かに）

□ 489

certamente 確かに，正確に

関連語 〔英〕certainly（確かに，正確に）

□ 490

talvez 多分

メモ 動詞の前に置かれる場合，動詞は接続法が用いられる

□ 491

provavelmente おそらく

関連語 〔英〕probably（おそらく）

□ 492

especialmente 特に；特別に

関連語 〔英〕especially（特に；特別に）

□ 493

realmente 実際に；本当に，全く

関連語 〔英〕really（実際に；本当に）

□ 494

apenas ただ〜；〜だけ

Quick Review
□ muito　　□ pouco　　□ mais　　□ menos
□ bastante　□ quase　　□ demais　□ tão

CHECK-3

Ainda não acredito nele completamente.

（私はまだ完全に彼を信用していない。）

Diga-me exatamente o que aconteceu nesse momento.

（そのとき，起きたことを私に正確に言いなさい。）

Certamente, tem fundamento a opinião dele.

（確かに，彼の主張には根拠がある。）

Talvez chova amanhã.

（多分，明日は雨が降るでしょう。）

Provavelmente ele não vem aqui.

（おそらく彼はここに来ないでしょう。）

Gosto de cinema, especialmente filmes de ação.

（私は映画を，特にアクション映画を好みます。）

Estava realmente enamorada de João.

（彼女は本当にジョアンに恋していた。）

Falo apenas japonês.

（私は日本語だけ話す。→ 私は日本語しか話せない。）

Quick Review

- [ ] とても；非常に
- [ ] 十分に；かなり
- [ ] ほとんど~ない，ほんの少し
- [ ] ほとんど；ほぼ
- [ ] より多く，〜以上
- [ ] 過度に
- [ ] より少なく，劣って
- [ ] それほど；非常に

🎧85 ▶

Queria ＋［動詞の不定形］, por favor.
（～したいのですが…，お願いします。）

例）**Queria** comprar esta televisão, **por favor.**
（私はこのテレビを買いたいのですが…，お願いします。）

　"Queria" というのは，動詞 querer（→ p.102）の直説法・不完全過去・3人称・単数形です。この querer は意味の面において，英語 want に相当し，直接目的語に名詞句を取ると「～を欲する」という意になります。

　また，現在形の quero ではなく，不完全過去形の queria にすることで，「～を欲するんだ」と自らの欲求を相手にストレートにぶつけるのではなく，「～を欲しているのですが…」と相手にそれを婉曲的（えんきょくてき）に伝えることができるのです。以下（1）がその実例です。

（1）**Queria** um café, **por favor.**
　　（私は1杯のコーヒーを欲しているのですが…，お願いします。
　　　→ 私はコーヒーが1杯欲しいのですが…，お願いします。）

　この例（1）に見られる "por favor." の部分は，必ずしも用いる必要はありませんが，これを伴うことで，より丁寧な表現となります。

　さらに，名詞句の代わりに動詞の原形を伴うと，「～することを欲する → ～したい」の意を表します。次の（2）-（3）にその実例を示してみましょう。

（2）**Queria** comprar esta televisão, **por favor.**
　　（私はこのテレビを買うことを欲しているのですが…，お願いします。
　　　→ 私はこのテレビを買いたいのですが…，お願いします。）

（3）**Queria** comer isto, **por favor.**
　　（私はそれを食べることを欲しているのですが…，お願いします。
　　　→ 私はそれを食べたいのですが…，お願いします。）

　このように，"Queria" の後に動詞の原形を入れることで，「願望」を表すさまざまな文を作ることができるようになります。皆さんもいろいろな場面で活用してみてください。

em, sobre,
em cima de
（〜の上に）

sob,
debaixo de
（〜の下に）

em,
dentro de
（〜の中に）

fora de
（〜の外に）

diante de
em frente de
（〜の前に）

atrás de
（〜の後ろに）

entre A e B
（AとBの間に）

ao lado de
（〜の側に）

à direita de
（〜の右に）

à esquerda de
（〜の左に）

perto de
（〜の近くに）

longe de
（〜の遠くに）

aqui
（ここ）

aí
（そこ）

ali
（あそこ）

mês e estação （月と季節）

janeiro	1月
fevereiro	2月
março	3月
abril	4月
maio	5月
junho	6月
julho	7月
agosto	8月
setembro	9月
outubro	10月
novembro	11月
dezembro	12月

inverno　冬

primavera　春

verão　夏

outono　秋

ano （年）

ano	年	década	10年間
século	100年間, 1世紀	milênio	1000年間

その他

※数字は、音声のトラック番号です

CHECK-1 ▶ CHECK-2 ◀ 🎧61 ▶

□ 495

quando 副 いつ

メモ 意味的に〔英〕whenに相当

□ 496

onde 副 どこに

メモ 意味的に〔英〕whereに相当

□ 497

por que 副 なぜ

メモ 意味的に〔英〕whyに相当
注意 答えるときはporque ～（なぜならば～だからだ）(→p.140)を用いる

□ 498

como 副 どのように

メモ 意味的に〔英〕howに相当

- -

□ 499

que 代 何

メモ 意味的に〔英〕whatに相当
注意 que だけでなく o que の形でもしばしば用いられる

□ 500

quem 代 誰

メモ 意味的に〔英〕whoに相当

□ 501

qual 代 どれ，どの

メモ 意味的に〔英〕whichに相当

□ 502

quanto

女 quanta

形 [単数形で]（不可算名詞に対し）どのくらい（多量）の
[複数形で]（可算名詞に対し）どのくらい（多数）の

メモ 意味的に〔英〕how many（どのくらい多数の）および
how much（どのくらい多量の）に相当

Check-3

— Quando você vai partir?（君はいつ出発するのですか？）
— Parto amanhã à tarde.（私は明日の午後出発します。）

— Onde fica o banheiro?（トイレはどこにありますか？）
— Fica ali, ao lado da escada.（あそこ，階段の隣にあります。）

— Por que você não veio?（君はなぜ来なかったのですか？）
— Porque estava doente.（なぜなら病気だったからです。）

— Como se chama?（あなたは何という名前ですか？）
— Chamo-me Keito.（私は啓仁という名前です。）

— O que é isto?（これは何ですか？）
— Isto é cachaça, uma aguardente de cana típica do Brasil.（これはカシャッサというブラジルの代表的なサトウキビの蒸留酒です。）

— Quem é aquela mulher?（あの女性は誰ですか？）
— Ela é a minha irmã.（彼女は私の姉（妹）です。）

— Qual é a capital do Brasil?（ブラジルの首都はどれですか？）
— É Brasília.（ブラジリアです。）

— Quantos anos tem?（何歳ですか？）
— Tenho vinte anos.（20 歳です。）

Quick Review
☐ そして，〜と　☐ しかし　☐ または　☐ 〜のように，〜なので
☐ なぜならば〜だからだ　☐ もし〜ならば　☐ 〜するとき　☐ 〜している間

CHECK-1 ▶ CHECK-2 ◀ 🎧62 ▶

□ 503
todo
女 toda

形 **全ての**

メモ todos os dias((日々〔os dias〕全部)→毎日),
todo o dia((一日〔o dia〕全部)→一日中)

□ 504
tudo

代 **全てのもの(こと)**

メモ 意味的には todas as coisas とほぼ同じ意味

□ 505
algum
女 alguma

形 **ある,いくつかの**

メモ [algo + um] に由来する

□ 506
algo

代 **何か,あるもの**

メモ 意味的には alguma coisa とほぼ同じ意味

□ 507
alguém

代 **誰か,ある人**

メモ 意味的には alguma pessoa とほぼ同じ意味。
[algo + quem]に由来する

□ 508
nenhum
女 nenhuma

形 **何(どれ)一つ〜ない**

メモ [nada + um] に由来する

□ 509
nada

代 **少しも〜ない**

メモ 意味的には nenhuma coisa とほぼ同じ意味

□ 510
ninguém

代 **誰も〜ない**

メモ 意味的には nenhuma pessoa とほぼ同じ意味。
[nada + quem]に由来する

Quick Review
□ quando □ onde □ por que □ como
□ que □ quem □ qual □ quanto

CHECK-3

Estudo português todos os dias.

（私は毎日ポルトガル語を勉強している。）

Tudo que existe acaba.

（存在するものは全て終わる。→ 全てのものには終わりがある。）

Tenho alguma poupança.

（私はいくらか貯蓄がある。）

Você quer algo?

（あなたは何か欲しいですか?）

Alguém chama à porta.

（誰かが戸口で呼んでいる。）

Não há nenhum impedimento para nosso casamento.

（私たちの結婚の妨げとなるものは何もない。）

Não quero nada.

（私は何も欲しくない。）

Ninguém acredita nele.

（誰も彼のことを信じていない。）

CHECK-1 ▶ CHECK-2 ◀ 🎧63 ▶

□ 511

a 前 **〜に，〜で**

メモ 意味的に〔英〕at, to に相当
反義 de（〜から）（→ p.136）

□ 512

até 前 **〜まで**

メモ 意味的に〔英〕till, until に相当

□ 513

com 前 **〜と共に，〜で**

メモ 意味的に〔英〕with に相当
注意 後ろにmim, te, siを伴う場合，それぞれcomigo, contigo, consigoとなる
反義 sem（〜なしに）（→ p.138）

□ 514

contra 前 **〜に対して**

メモ 意味的に〔英〕againstに相当

· ·

□ 515

de 前 **〜の，〜から**

メモ 意味的に〔英〕of/off, from に相当
反義 a（〜に）（→ p.136）

□ 516

desde 前 **〜以来；〜から**

メモ 意味的に〔英〕since に相当

□ 517

durante 前 **〜の間（ずっと）**

メモ 意味的に〔英〕duringに相当
関連語 【関連】duro（堅い），durar（続く）
イメージ 堅く〔=duro〕，変化を受けにくいため，その状態が続いている間に

□ 518

em 前 **〜の上に／表面に（接触して），〜の**

メモ 意味的に〔英〕on, in に相当
注意 接触している場合にしか使えない

Quick Review
☐ todo ☐ tudo ☐ algum ☐ algo
☐ alguém ☐ nenhum ☐ nada ☐ ninguém

Сheck-3

Amanhã tenho que ir a São Paulo.

（明日，私はサン・パウロに行かなければならない。）

Até amanhã!

（明日まで（しばしのお別れ）！→ また明日！）

Você quer ir comigo ou com Ana?

（あなたは私と一緒に行きたいですか？　それともアナと一緒に行きたいですか？）

O muro abriga a casa contra o vento.

（壁が風に対して家を守っている。→壁が風から家を守っている。）

- -

A capital do Brasil não é o Rio de Janeiro, mas sim Brasília.

（ブラジルの首都はリオ・デ・ジャネイロではなくブラジリアだ。）

Mário trabalha desde a manhã até a noite.

（マリオは朝から晩まで働いている。）

A menina está chorando durante uns vinte minutos.

（その女の子はおよそ 20 分間ずっと泣いている。）

Há um vaso na mesa.

（テーブルの上に（接触して）花瓶がある。）

Quick Review

☐ 全ての	☐ 全てのもの（こと）	☐ ある，いくつかの	☐ 何か，あるもの
☐ 誰か，ある人	☐ 何（どれ）一つ~ない	☐ 少しも~ない	☐ 誰も~ない

CHECK-1 ▶ CHECK-2 ◀ 🎧64 ▶

□ 519

entre

前 〜の間に，〜の中に

メモ 意味的に〔英〕between に相当

□ 520

exceto

前 〜を除いて，〜以外に

メモ 意味的に〔英〕exceptに相当

□ 521

para

前 〜へ，〜のために《目的》

メモ 意味的に〔英〕to, for に相当

□ 522

por

前 〜のために《原因》，〜によって，〜の代わりに，〜を通って

メモ 意味的に〔英〕for, by, through に相当

- -

□ 523

sem

前 〜なしに

メモ 意味的に〔英〕without に相当
反義 com（〜と共に）(→ p.136)

□ 524

sob

前 〜の下に

メモ 意味的に〔英〕under, below に相当
反義 sobre（〜の上に）(→ p.138)

□ 525

sobre

前 〜の上に

メモ 意味的に〔英〕over, above に相当
注意 前置詞emとは異なり，接触している必要はない
反義 sob（〜の下に）(→ p.138)

□ 526

através

副 〜を通って

メモ 意味的に〔英〕through に相当。前置詞deを後続し，〔através de 〜〕の形で用いる

Quick Review
□ a □ até □ com □ contra
□ de □ desde □ durante □ em

Cʜᴇᴄᴋ-3

Coimbra fica entre Lisboa e o Porto.

（コインブラはリスボンとポルトの間にある。）

Esta loja está aberta exceta aos domingos.

（この店は日曜日を除いて開いている。）

Consegui permissão para sair amanhã.

（私は明日外出するための許可を得た。）

Maria faltou a escola por estar doente.

（マリアは病気のために学校を休んだ。）

Dê-me um café com leite sem açúcar, por favor.

（砂糖なしのカフェ・ラテを 1 杯，私に下さい。）

O gato está sob a mesa.

（猫はテーブルの下にいる。）

Tem o céu aberto sobre si.

（自身の上に開けた空がある。→ 頭上に雲ひとつない空が広がっている。）

Através da cortina bate o sol da tarde.

（カーテンを通して西日が射す。）

Quick Review

☐ ～に，～で	☐ ～まで	☐ ～と共に，～で	☐ ～に対して
☐ ～の，～から	☐ ～以来；～から	☐ ～の間（ずっと）	☐ ～の上/表面に（接触して），～の

名詞

形容詞

動詞

副詞

その他

Сheck-1 ► Check-2 ◄ 🔊65 ►

□ 527

e

接 そして，〜と

メモ 意味的に〔英〕andに相当

□ 528

mas

接 しかし

注意 意味的に〔英〕butに相当

□ 529

ou

接 または

メモ 意味的に〔英〕orに相当

□ 530

como

接 〜のように，〜なので

メモ 意味的に〔英〕asに相当

□ 531

porque

接 なぜならば〜だからだ

メモ 意味的に〔英〕becauseに相当
注意 理由を尋ねるときには，疑問詞por que（なぜ）(→ p.132)を用いる

□ 532

se

接 もし〜ならば

メモ 意味的に〔英〕ifに相当

□ 533

quando

接 〜するとき

メモ 意味的に〔英〕whenに相当

□ 534

enquanto

接 〜している間

メモ 意味的に〔英〕whileに相当

Quick
Review
☐ entre ☐ exceto ☐ para ☐ por
☐ sem ☐ sob ☐ sobre ☐ através

Check-3

Na bandeira nacional do Brasil está escrito o lema
"Ordem e Progresso".

(ブラジルの国旗には,「秩序と進歩」と書かれている。)

O João disse que viria aqui, mas não veio.

(ジョアンはここに来ると言った。しかし,彼は来なかった。)

O Ricardo chegará aí amanhã ou depois de amanhã.

(リカルドは明日か明後日にそこに着くだろう。)

Faça como quiser.

(好きなようにしなさい。)

• •

— Por que chegou atrasado? (あなたはなぜ遅刻したの?)
— Porque dormi demasiado. (なぜならば私は寝坊したからです。)

Se chover amanhã, ficarei em casa.

(もし明日雨が降ったら,私は家にいます。)

Quando os visitei, não estavam em casa.

(私が彼らを訪問したとき,彼らは家にいなかった。)

Enquanto estudo, não escuto rádio.

(私は,勉強している間はラジオを聞かない。)

Quick Review

☐ 〜の間に,〜の中に	☐ 〜を除いて,〜以外に	☐ 〜へ,〜のために《目的》	☐ 〜の代わりに,〜を通って
☐ 〜なしに	☐ 〜の下に	☐ 〜の上に	☐ 〜を通って

Vou ＋［動詞の原形］．

（私は〜するつもりだ）

例）**Vou** comprar um carro no próximo mês.

（私は来月，車を 1 台買うつもりだ）

英語の "be going to ＋［動詞の原形］. " に相当する「近接未来」表現が，この "Vou ＋［動詞の原形］. " です。次の（1）がその実例です。

（1）**Vou** comprar um carro no próximo mês.
　　　（私は来月，車を 1 台買うつもりだ）

ここに用いられている vou は「動詞 ir（行く）の 1 人称単数形」です。したがって，vou を使った場合には，「話し手の意図」が表されます。もし，「話し相手（＝聞き手）の意図」を聞きたい場合には，以下（2）のように，você に対する vai という形を用いればOKです。

（2）**Vai** comprar um carro no próximo mês?
　　　（あなたは来月，車を 1 台買うつもりですか？）

ただし，「私は〜に行くつもりです」という場合，"Vou ir a 〜. " とは言いません。というのも，vou 自体が，本来「（私が）行く」の意を表しているからです。そのため，下記（3）に見られるように，単に "Vou a 〜. " と言えばOKです。

（3）**Vou** a São Paulo no próximo mês.
　　　（私は来月，サン・パウロに行くつもりです。）

また，これは下記（4）のようにも用いられます。

（4）Daqui a algumas horas, **vai** chover.
　　　（数時間後には，雨が降るでしょう）

このように，ir 動詞の直後に動詞の原形を入れるだけで，「近接未来」を表すさまざまな表現を作ることできます。いろいろと活用してみてください。

Vamos ＋［動詞の原形］！
((私と一緒に) ～しましょう！)

例) **Vamos** tomar um café!
((私と一緒に) コーヒーを飲みましょう！)

意味の面で，英語の "Let's ＋［動詞の原形］！" に相当する「勧誘」表現が，この "Vamos ＋［動詞の原形］！" です。次の（1）がその実例です。

（1）**Vamos** tomar um café!
((私と一緒に) コーヒーを飲みましょう！)

ただし，注意点が2つあります。

まず，comigo（私と一緒に）という語句は付けないということです。しばしば，「私と一緒にコーヒーを飲みましょう！」と言いたい場合，その日本語表現に引きずられて "Vamos tomar um café comigo!" と言いたくなります。しかし，comigo を付けてしまうと重複表現になってしまいます。というのも，vamos が「動詞 ir（行く）の1人称複数形」であることからも明らかなように，この vamos の中には既に eu（私は／が）が含まれているからです。これは，英語表現の Let's が Let us の省略形であることから，"Let's ～ with me!" とは言わないこととよく似ています。

2つ目は，「(私と一緒に) ～に行きましょう」という場合，"Vamos ir a/para ～" とは言いません。というのも，("vou+［動詞の原形］")（私は～するつもりだ）（→ p.142）と同様に，vamos 自体が，本来「(私たちが) 行く」の意を表しているからです。そのため，以下（2）のように言えば OK です。

（2）**Vamos** à praia!
((私と一緒に) 砂浜に行きましょう！)

また，単に "Vamos!"（さぁ！／行こう！）と言って，何らかの行動をするよう促したり，場所を移動するよう勧めたりすることもできます。

みなさんも，この表現を使って，友達になったブラジル人やポルトガル人をお茶に誘ってみてはいかがですか？

付録 –11 : [方 角]

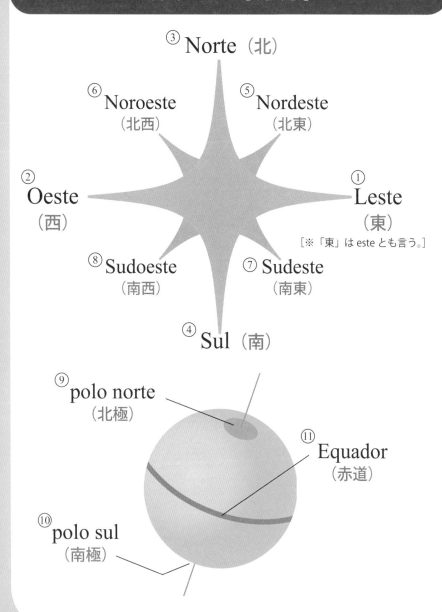

③ Norte（北）

⑥ Noroeste（北西）

⑤ Nordeste（北東）

② Oeste（西）

① Leste（東）

［※「東」は este とも言う。］

⑧ Sudoeste（南西）

⑦ Sudeste（南東）

④ Sul（南）

⑨ polo norte（北極）

⑪ Equador（赤道）

⑩ polo sul（南極）

futebol （サッカー）

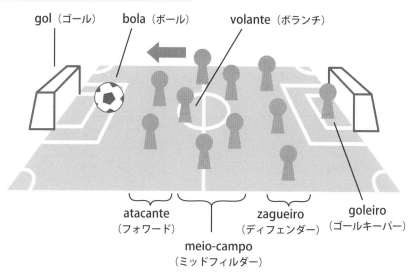

gol （ゴール）　bola （ボール）　volante （ボランチ）

atacante
（フォワード）

meio-campo
（ミッドフィルダー）

zagueiro
（ディフェンダー）

goleiro
（ゴールキーパー）

equipe / time （チーム）

jogador （選手）　técnico （監督）

juiz （審判）　treinador （トレーナー）

torcedor / torcedora （サポーター［男性／女性］）

jogo / partida （試合）

primeiro tempo （前半）　segundo tempo （後半）

intervalo （ハーフタイム）　prorrogação （延長戦）

acréscimo de tempo （ロスタイム）

chute （シュート）　cabeçada （ヘディング）

tiro livre （フリーキック）　pênalti （ペナルティキック：PK）

mão na bola （ハンド）　impedimento （オフサイド）

cartão amarelo （イエローカード）　cartão vermelho （レッドカード）

vencer （勝つ）　　empatar （引き分ける）　　perder （負ける）

Número Ordinal （序数）

1番目	primeiro (1º)	/	primeira (1ª)
2番目	segundo (2º)	/	segunda (2ª)
3番目	terceiro (3º)	/	terceira (3ª)
4番目	quarto (4º)	/	quarta (4ª)
5番目	quinto (5º)	/	quinta (5ª)
6番目	sexto (6º)	/	sexta (6ª)
7番目	sétimo (7º)	/	sétima (7ª)
8番目	oitavo (8º)	/	oitava (8ª)
9番目	nono (9º)	/	nona (9ª)
10番目	décimo (10º)	/	décima (10ª)

メモ 英語で first, second, third, fourth...をそれぞれ 1st, 2nd, 3rd, 4th... と書くように、ポルトガル語では primeiro, segundo をそれぞれ 1º, 2º と書く。この右肩の o は男性形（primeiro など）の語末-o を表しており、女性形（primeira など）の場合は右肩に a をつけた 1ª の形で表す。

Andar （階）

③	**segundo andar**	（ 3 階 ）
②	**primeiro andar**	（ 2 階 ）
①	**andar térreo**	（ 1 階 ）
④	**primeiro subsolo**	（地下1階）
⑤	**segundo subsolo**	（地下2階）

注意 地上にある階は、数えかたが1階ずつずれている。
メモ ポルトガルでは「1階」を rés-do-chão と言う。

付録 −14：［ビジネス・ポルトガル語］

　近年，経済成長が目覚ましく，ＧＤＰや貿易額の世界に占める割合が急速に高まっているＢＲＩＣＳ[*]。その一国として，ブラジルは世界経済に多大な影響を与えるまでになっています。さらに，2014 年にリオ・デ・ジャネイロで開催されたＦＩＦＡワールドカップ第 20 回記念大会や 2016 年に南米大陸で初開催となった第 31 回夏季オリンピックが，ブラジルの経済成長を後押ししています。

　そのためもあってか，現在，多くの日本企業がブラジルに進出しており，ビジネス界ではポルトガル語を話せる人材が求められているのです。

　そこで，ここではビジネスの場面で使われる会話の一例，特に「自己紹介と商談の導入のための会話」を見てみましょう。

まずは，「自己紹介」と「名刺交換」に関する表現です。

Olá, sou Masafumi Fukumori, da Companhia de Eletricidade *ALC*.

どうも，私はアルク電気会社の福森雅史です。

Sou engenheiro de sistemas e gerente de projeto do Departamento de Pesquisa e Desenvolvimento.

私は研究開発部でシステム・エンジニア兼プロジェクト・マネージャーとして働いています。

Muito prazer (em conhecê -lo [-la/-los/-las]).

お会いできてうれしいです。

(注：先方が「男性一人」ならば-loを，「女性一人」ならば-laを，「男性のみ，または男女混合の複
数」ならばlosを，「女性のみの複数」ならばlasを用いる。)

Aqui está o meu cartão de visita.

こちらが私の名刺です。

Por favor, poderia me dar o seu cartão?

名刺を頂けますか？

Ligue para mim a qualquer hora se precisar algo.

何かありましたら，いつでもご連絡ください。

．．

[*] BRICS とは，ブラジル（**B**razil），ロシア（**R**ussia），インド（**I**ndia），中国（**C**hina），南アフリカ共和国（**S**outh Africa）の頭文字を合わせた 5 ヵ国の総称である。これら 5 ヵ国が注目される理由としては，「（国土面積や人口などの）規模の大きさ」，「天然資源の豊富さ」，「これまでの経済成長実績および今後の成長見込み」などの点が挙げられる。2024 年からアルゼンチン，エジプト，エチオピア，イラン，サウジアラビア，アラブ首長国連邦が加盟した。

次に，「先方に自社の者を紹介する」ときに用いる表現です。

Gostaria de apresentá-lo [-la/-los/-las] ao Sr. Nuno.

彼［彼女／彼ら／彼女ら］をヌーノ氏に紹介したいのですが…。

Ele é o presidente da nossa empresa, Sr. Okada.

こちらが弊社の社長の岡田です。

(注：「社長」が「女性」ならば，"**Ela** é **a** presidente da nossa empresa, **Sra**. 〜."の形を用いる。)

Ele é o meu chefe [colega / subordinado] , Sr. Nishimura.

こちらは私の上司［同僚／部下］の西村です。

(注：「上司」・「同僚」・「部下」が「女性」ならば，"**Ela** é minha chefe [colega / subordinada], **Sra**. 〜."の形を用いる。)

それでは，「商談」を始めましょう。

Sente-se aqui, por favor.

どうぞこちらにお座りください。

Obrigado. Com licença.

（「お座りください」と言われたら）ありがとうございます。恐れ入ります。

(注：お礼を言っている人が女性ならば，"**Obrigada**. Com licença."の形を用いる。)

Então, vamos falar de negócios.

それでは，商談をいたしましょう。

Hoje, gostaria de explicá-lhe[-lhes] sobre nosso projeto.

今日は私どものプロジェクトについてご説明申し上げます。

(注：先方が「男性一人」ならば-lheを，「女性一人」ならば-lheを，「男性のみの複数，または男女
　　混合の複数」ならば-lhesを，「女性のみの複数」ならば-lasをそれぞれ用いる。)

Por favor, veja [vejam] o panfleto [as fotos / os documentos] .

どうぞ，パンフレット［写真／資料］をご覧ください。

(注：先方が「一人」ならばvejaを，「複数」ならばvejamを用いる。)

Este é o nosso modelo mais novo.

こちらが私どもの最新のモデルです。

Comparado ao modelo antigo, o novo modelo poderá poupar muito mais tempo e dinheiro.

旧型と比べて，新型は時間とコストをかなり削減できます。

滞りなく商談も進み，いよいよ「商談を締めくくる」ときに用いる表現です。

Foi uma reunião muito frutífera.

大変実りのあるミーティングでした。

Vamos considerar sua oferta atentamente.

ご提案をよく検討させていただきます。

Para quando poderíamos ter uma resposta?

いつ頃お返事をいただけますか？。

Comunicaremos o resultado o mais cedo possível.

なるべく早急に結果をお伝えします。

Responderemos dentro de uma semana.

1週間以内にはお答えします。

Responderemos até começo [meados / finais] de abril.

4月上旬［中旬／下旬］にはお答えします。

Muito obrigado por vir aqui hoje.

本日は，ご足労いただき誠にありがとうございました。
（注：お礼を言っている人が女性ならば "Muito **obrigada** por vir aqui hoje." の形を用いる。）

Muito obrigado por dedicar seu valioso tempo.

本日は貴重なお時間を誠にありがとうございました。
（注：お礼を言っている人が女性ならば "Muito **obrigada** por dedicar seu valioso
tempo." の形を用いる。）

◀ 🎧 **93** ▶

最後に，わずかではありますが，ビジネスで必要とされるであろう語彙を見ておきましょう。

▨ a firma	🟥女 企業，商社，会社
	【類義】 companhia, sociedade, empresa
▨ a sociedade anônima	🟥女 株式会社
	【関連】 companhia limitada　有限会社
▨ a corporação com personalidade jurídica	🟥女 社団法人
	【関連】 fundação com
	personalidade jurídica　財団法人
▨ a matriz da empresa	🟥女 親会社，本社
	【反義】 subsidiária　子会社
▨ a sede da firma	🟥女 本社
	【反義】 sucursal　支店，支社
▨ a agência	🟥女 代理店
	【メモ】 「銀行」の場合は「支店」の意
▨ a fábrica	🟥女 工場
	【関連】 laboratório　研究所

☑ o departamento	男 部

【関連】 seção 課

> <部 署> (「~部」は "o departamento de ~" の形を用いる)
>
> contabilidade：経理・会計　　finanças：財務
> assuntos gerais：総務　　recursos humanos：人事
> vendas：営業・販売　　promoção de vendas：販売促進
> planejamento：企画　　publicidade：広報・広告宣伝
> pesquisa e desenvolvimento：研究開発

☑ o/a presidente	名 社長

【関連】 vice-presidente　副社長

☑ o/a diretor	名 取締役

【関連】 diretor-presidente　取締役社長

☑ o/a chefe de repartição	名 部長

【関連】 chefe de seção　課長

☑ o/a chefe	名 上司

【関連】 subordinado/subordinada　部下
　　　　 o/a colega　同僚

☑ o orçamento	男 見積書

【関連】 orçar　見積もりを出す

☑ a guia de entrega	女 納品書

【関連】 fazer a entrega　納品する

☑ a fatura	女 請求書；インボイス；送り状

【関連】 tirar uma fatura　請求書を作成する

☑ o recibo	男 領収書

【関連】 passar o recibo　領収書を切る

☑ o contrato	男 契約書

【関連】 assinar contrato　契約書に署名する

☑ o relatório	男 報告書

【関連】 relatório financeiro　会計報告

☑ o cartão de visita	男 名刺

【関連】 trocar cartões de visita　名刺を交換する

付録 −15：ポルトガル語ミニ文法

1 名 詞

ポルトガル語の全ての名詞には，以下の3つの特徴がある。
- ① 文法上の「**性**」を持つ。
- ②「**数**」に合わせて語尾が変化（＝屈折）する。
- ③ 動詞の活用に **3人称を要求**する。

1.1. 性

全ての名詞は「**男性**」か「**女性**」かのいずれかの「性」を持つ。-o で終わる名詞の多くは男性名詞，-a で終わる名詞の多くは女性名詞となる。単語を覚える際，ポルトガル語の名詞は必ずその性も覚えなければならないので，**定冠詞を付けて**[**o ＋男性名詞**]，[**a ＋女性名詞**]**の形で覚えるとよい**。本書では，男性名詞には**男**，女性名詞には**女**という記号を付し，その区別を示している。

1.1.1. 名詞の「性」の見分け方

① 「男女」や「雌雄」といった**自然性を持つ名詞は，その性別に従う**。

例)

男性名詞	女性名詞
o amigo（男友達）	a amiga（女友達）
o pai（父）	a mãe（母）
o gato（雄猫）	a gata（雌猫）

◎実際には，「男女」や「雌雄」の区別があっても，**文法的には1つの性しか持たない**名詞もある。

例)

男性名詞	女性名詞
o bebê（赤ちゃん）	a pessoa（人）
o adulto（大人）	a criança（子ども）
o jacaré（ワニ）	a baleia（クジラ）

◎**男女同形で，冠詞などによって性を区別する**ものもある。本書では，**名**という記号を付して示している。

例)

男性名詞	女性名詞
o pianista（男性ピアニスト）	a pianista（女性ピアニスト）
o estudante（男子生徒）	a estudante（女子生徒）
o colega（男の同僚）	a colega（女の同僚）

②自然性を持たない名詞は語尾の形を参考にすると良い。

- **-o** で終わる単語 → **男性**名詞　　例）o livr**o**（本），o carr**o**（車）
  - **例外**　a trib**o**（部族），a fot**o**（写真）etc.
- **-a** で終わる単語 → **女性**名詞　　例）a cas**a**（家），a canet**a**（ペン）
  - **例外**　o di**a**（日，昼），o map**a**（地図）etc.
- **-dade** で終わる単語 → **女性**名詞（例外なし）
  - 例）a ci**dade**（都市），a i**dade**（年齢）
- **-gem** で終わる単語 → **女性**名詞（例外なし）
  - 例）a via**gem**（旅行），a passa**gem**（切符）

1.1.2. 名詞の性の転換の仕方

　辞書には男性形しか記載されていないことが多いため，男性形から女性形に転換する方法を覚えておく必要がある。

①男性形が **-o で終わるもの：-o → -a に変える**（例外あり）。

例）	o amig**o**（男友達）	→	a amig**a**（女友達）
	o filh**o**（息子）	→	a filh**a**（娘）
例外	o cavalo（雄馬；牡馬）	→	a égua（雌馬；牝馬）etc.

②男性形が **子音で終わるもの：-a を加える**（例外あり）。

例）	o professor（男性教師）	→	a professor**a**（女性教師）
	o espanhol（スペイン人男性）	→	a espanhol**a**（スペイン人女性）
例外	o ator（俳優；男優）	→	a atriz（女優）etc.

◎男性形が -ês で終わる場合はアクセント符号を取る。

例）	o japon**ês**（日本人男性）	→	a japon**esa**（日本人女性）

③男性形が **-ão で終わるもの：以下の2通りがある**（例外あり）。

（ⅰ）**-ão → -ã に変える。**

例）	o irm**ão**（兄／弟）	→	a irm**ã**（姉／妹）
	o alem**ão**（ドイツ人男性）	→	a alem**ã**（ドイツ人女性）

（ⅱ）**-ão → -oa に変える。**

例）	o patr**ão**（男主人）	→	a patr**oa**（女主人）
	o le**ão**（雄ライオン）	→	a le**oa**（雌ライオン）
例外	o ladr**ão**（男の泥棒）	→	a ladra（女の泥棒）etc.

1.2. 数

1.2.1. 名詞の数の転換の仕方

　ポルトガル語には「**単数**」と「**複数**」の2種類がある。単数から複数にするには以下の方法がある。

① **原則1**　単数形が**母音で終わるもの：-s を加える。**

例）	o amigo（男友達）	→	os amigo**s**
	a casa（家）	→	as casa**s**
	a irmã（姉／妹）	→	as irmã**s**

② **原則2**　単数形が**子音で終わるもの：-es を加える。**

例）　　a mulher　（女性）　　　　→　　as mulher**es**

　　　　o rapaz　（青年）　　　　→　　os rapaz**es**

　　　　o país　（国）　　　　　　→　　os país**es**

◎単数形が -ês で終わる場合はアクセント符号を取る。

例）　　o japonês　（日本人男性）　→　os japones**es**

◎単数形が「**アクセントのない母音＋ -s**」で終わるものは**単複同形**。

例）　　o ônibus　（バス）　　　　→　　os ônibus

　　　　o lápis　（鉛筆）　　　　　→　　os lápis

③単数形が **-m で終わるもの：-m → -ns に変える。**

例）　　o home**m**　（男性，人間）　→　os home**ns**

　　　　a viage**m**　（旅行）　　　　→　　as viage**ns**

④単数形が **-l で終わるもの：以下の3通りがある。**

（ⅰ）**原則**　　-l → **-is に変える**（例外あり）

例）　　o animal　（動物）　　　→　　os anima**is**

　　　　o paul　（沼）　　　　　　→　　os pau**is**

　　◎ -el, -ol の場合にはアクセント符号が付いて，各々 **-éis, -óis となるので注意。**

例）　　o papel　（紙）　　　　→　　os pap**éis**

　　　　o lençol　（シーツ）　　→　　os lenç**óis**

　　例外　　　o mal　（悪）　　　　→　　os males　　etc.

（ⅱ）**アクセントのある –il で終わるもの：–il → -is に変える**

例）　　o barr**il**　（樽）　　　　→　　os barr**is**

（ⅲ）**アクセントのない –il で終わるもの：–il → -eis に変える**

例）　　o fóss**il**　（化石）　　　→　　os fóss**eis**

　　　　o répt**il**　（爬虫類）　　→　　os répt**eis**

⑤単数形が **-ão で終わるもの：以下の3通りがある。**

（ⅰ）**-ão → - ões に変える**（最も一般的）。

例）　　o bot**ão**　（ボタン）　　→　　os bot**ões**

　　　　o lim**ão**　（レモン）　　→　　os lim**ões**

　　◎ **-ção で終わるものは，-ção → -ções に変える。**

　　　　a can**ção**　（歌）　　　→　　as can**ções**

　　　　a esta**ção**　（駅）　　　→　　as esta**ções**

（ⅱ）**-ão → - ães に変える。**

例）　　o alem**ão**　（ドイツ人男性）→　os alem**ães**

　　　　o c**ão**　（犬）　　　　　　→　　os c**ães**

　　　　o p**ão**　（パン）　　　　　→　　os p**ães**

（ⅲ）**-ão に -s を付ける。**

例）　　o irm**ão**　（兄／弟）　　→　　os irm**ãos**

　　　　a m**ão**　（手）　　　　　　→　　as m**ãos**

1.2.2. 名詞の数に関する注意事項

①複数形だけに使われる名詞がある。

例） os óculos（眼鏡）　　　as férias（休暇）　　　os víveres（食料）

②男性名詞の複数形は女性を含む場合がある。

例） os pais　　　　　　　　　　　　　as mães

（父たち）　（親たち）　（両親）　　（母たち）

[　：父　 　：母]

> **例外**　「祖父母」の意を表す場合のみ，女性名詞である avó（祖母）の複数形を用いて avós と表す。

2　冠　詞

ポルトガル語の冠詞には，**不定冠詞**と**定冠詞**の2種類があり，それぞれ**名詞の性・数に合わせて形が変化**する。

	不定冠詞		定冠詞	
	単　数	複　数	単　数	複　数
男　性	um	uns	o	os
女　性	uma	umas	a	as

2.1 不定冠詞

主に，明確な形を持つ単一の個体を表し，**聞き手がその指示対象を理解できない名詞**に付く。

例）　**um** livro　　（1冊の本）

　　　uma casa　　（1軒の家）

◎不定冠詞の複数形（uns, umas）は，以下のように用いられる。

①複数形の名詞の前に付いて「いくつかの〜」の意を表す（不定代名詞 alguns / algumas と同じ意）。

例）　**uns** livros（≒ alguns livros）　　　（**数冊**の本）

　　　umas pessoas（≒ algumas pessoas）（**数人**の人）

②数詞の前に付いて「約〜」の意を表す（英語の about に相当）。

例）　**uns** cinquenta carros（**約**50台の車）

　　　umas dez páginas　　（**約**10ページ）

2.2. 定冠詞

主に，他のものから区別・限定されていて，**聞き手がその指示対象を理解できる名詞**に付く。

例） **o** livro （その本） **os** livros （それらの本）
a casa （その家） **as** casas （それらの家）

◎前置詞 **a, de, em, por** の直後に定冠詞が来る場合，以下のように**結合**する。

	定　　冠　　詞			
	o	a	os	as
a	ao	à	aos	às
de	do	da	dos	das
em	no	na	nos	nas
por	pelo	pela	pelos	pelas

3 　　　　　　　　　　　形　容　詞

ポルトガル語の全ての形容詞には，以下の2つの特徴がある。
①通常，修飾する**名詞の後に置かれる**。
②修飾する名詞の「性」・「数」に合わせて**語尾が変化（＝屈折）**する。

3.1. 形容詞の位置

①形容詞は，通常，修飾する**名詞の後に置かれる**。

例） gato **branco** （白い猫）
〔名詞〕 〔形容詞〕

②単音節の形容詞やあいさつ表現では，形容詞は名詞の前に置かれる。

例）**mau** tempo（悪い天気）
Bom dia.（良い日（でありますように！）→ おはよう）
Feliz Natal.（幸せなクリスマス（でありますように!）→ メリー・クリスマス）
Feliz Aniversário.（幸せな誕生日（でありますように!）→ お誕生日おめでとう!）

③形容詞が置かれる位置によって意味が異なる場合がある。

例）o homem **grande**（大男） o **grande** homem（偉大な男）
a mulher **pobre**（貧しい女性） a **pobre** mulher（哀れな女性）
uma notícia **certa**（確かな情報） uma **certa** notícia（ある情報）
uma palavra **simples**（簡潔な言葉） uma **simples** palavra（たった一言）

3.2. 形容詞の性・数変化

　形容詞は，**修飾する名詞（および代名詞）の性・数に合わせて語尾が変化（＝屈折）**する。

例）　o　　　　livr**o**　　　　pequen**o**　　　　as　　　cas**as**　　　pequen**as**
　　〔冠詞〕〔名詞：男性・単数〕〔形容詞：男性・単数〕　〔冠詞〕〔名詞：女性・複数〕〔形容詞：女性・複数〕

　　　　　　　　　　性数一致　　　　　　　　　　　　　　　　性数一致

◎男性単数形から女性単数形にするには以下の方法がある。

　①男性単数形が **-o で終わるもの**：**-o → -a に変える**。
　　　例）nov**o**（新しい）→ nov**a**　　　　　pequen**o**（小さい）→ pequen**a**

　②男性単数形が **-ês, -or, -u で終わるもの**：語末に **-a を加える**。
　　　例）japonês（日本(人)の）→ japones**a**　　sabedor（博識の）→ sabedor**a**
　　　　　cru（生^{なま}の）→ cru**a**

　　　例外1　：特殊変化するもの
　　　　　例）mau（悪い）→ má etc.

　　　例外2　：男女同形のもの
　　　　　例）anterior（前の）→ anterior　　superior（優れた）→ superior etc.

　③男性単数形が **-ão で終わるもの**：**-ão → -ã または -ona を加える**。
　　　例）cristão（キリスト教の）→ crist**ã**　　chorão（泣き虫の）→ chor**ona**

　④男性単数形が **-eu で終わるもの**：**-eu → -eia に変える**。
　　　例）europ**eu**（ヨーロッパの）→ europ**eia**　　at**eu**（無神論者）→ at**eia**

　　　例外　：judeu（ユダヤの）→ judia etc.

　⑤上記①－④以外（男性単数形が **-a, -e, -l, -m, -r, -s, -z で終わるもの**）：**男女同形**。
　　　例）agrícol**a**（農業の）→ agrícol**a**　　grand**e**（大きい）→ grand**e**
　　　　　fáci**l**（容易な）→ fáci**l**　　　　　comu**m**（普通の）→ comu**m**
　　　　　regula**r**（規則的な）→ regula**r**　　simple**s**（普通の）→ simple**s**
　　　　　feli**z**（幸福な）→ feli**z**

　　　例外　：espanhol（スペイン(人)の）→ espanhola
　　　　　　　　bom（良い）→ boa etc.

◎形容詞の複数形の作り方は，名詞の複数形の作り方（→ pp.152-153）と同じ。

4　主 格 人 称 代 名 詞

	単　　　　数		複　　　　数	
1 人称	eu	私は／が	nós	私たちは／が
2 人称	tu	君は／が	vós	君たちは／が
3 人称	você	君は／が	vocês	君たちは／が
	o senhor	あなたは／が	os senhores	あなたたちは／が
	a senhora	あなたは／が	as senhoras	あなたたちは／が
	ele	彼は／が	eles	彼らは／が
	ela	彼女は／が	elas	彼女らは／が

◎ブラジルでは南部（リオグランデ・ド・スル州とサンタ・カタリーナ州など）や北東部の一部（マラニャン州など）を除き，2 人称の tu および vós は通常用いられない。したがって，ブラジルでは，動詞の活用も 2 人称は通常使われない。なお，「聞き手」に対しては，以下のように使い分ける。

- ・親しい間柄：você および vocês
- ・目上の人や初対面の人など
  - ➡ 相手が男性の場合：o senhor および os senhores
  - ➡ 相手が女性の場合：a senhora および as senhoras

◎なお，ポルトガルでは，2 人称単数の tu は用いられる（ただし，2 人称複数の vós は，ブラジルの場合と同様に用いられない）。

◎ポルトガル語の主格人称代名詞はしばしば省略されるので注意。

◎特に話し言葉で，本来「人々」を意味する a gente (→ p. 18) を，「私たちは」という意味で用いることがある。その場合，動詞の活用には 3 人称単数を用いる。

　　例）**A gente** sabe falar português.（**私たちは**ポルトガル語を話すことができます。）

5　目 的 格 代 名 詞

5.1. 直接目的格人称代名詞

	単　　　　数		複　　　　数	
1 人称	me	私を	nos	私たちを
2 人称	te	君を	vos	君たちを
3 人称	o	あなたを／彼を／それを	os	あなたたちを／彼らを／それらを
	a	あなたを／彼女を／それを	as	あなたたちを／彼女らを／それらを

◎ブラジルでは一部地域を除き，2人称の主格人称代名詞 tu および vós は通常用いられることがなく，それぞれ，você および vocês で代用される（→ p.157）。そのため，聞き手に対する直接目的格人称代名詞にも，2人称 te / vos が用いられることはなく，代わりに，聞き手が男性なら o / os が，女性なら a / as が用いられる。

5.2. 間接目的格人称代名詞

	単　　　数		複　　　数	
1人称	me	私に	nos	私たちに
2人称	te	君に	vos	君たちに
3人称	lhe	あなたに／彼に／ 彼女に／それに	lhes	あなたたちに／彼らに／ 彼女らに／それらに

◎間接目的格代名詞の1人称と2人称は，直接目的格代名詞のそれと同じ形を用いる。
◎聞き手に対する間接目的格人称代名詞には，直接目的格の場合と同様の理由（→ p.158）から，2人称 te / vos の代わりに，聞き手の性別には関係なく lhe が用いられる。

6 　　　　　　　　　　　　　　所　有　詞

6.1. 所有形容詞

　「所有形容詞」は「所有・所属」を表す形容詞で，修飾する**名詞の性・数に合**わせて形が変化（＝屈折）する。

			単　　数		複　　数	
			男　性	女　性	男　性	女　性
単数	1人称	私 (eu) の	meu	minha	meus	minhas
	2人称	君 (tu) の	teu	tua	teus	tuas
	3人称	あなた (você) の 彼 (ele) の　彼女 (ela) の	seu	sua	seus	suas
複数	1人称	私たち (nós) の	nosso	nossa	nossos	nossas
	2人称	君たち (vós) の	vosso	vossa	vossos	vossas
	3人称	あなたたち (vocês) の 彼ら (eles) の　彼女ら (elas) の	seu	sua	seus	suas

◎ただし，ブラジルでは一部の地域を除き，2人称の主格人称代名詞 tu / vós の代わりに，それぞれ，você / vocês が用いられる（→ p.157）。そのため，聞き手に対する所有形容詞にも，3人称の seu(s), sua(s) が用いられる。

◎他方，複数形 vocês にも3人称形 seu(s), sua(s) を用いると，単数形 você に対する所有形容詞と混同が生じる恐れがある。そのため，所有形容詞は用いず，前置詞 de を用いた de vocês の形が用いられることが多い。

◎さらに，ele, eles および ela, elas に対する所有形容詞に対しても você に対する所有形容詞との混同を避けるため，それぞれ，前置詞 de を用いた dele, deles および dela, delas の形が用いられる。

◎したがって，実際には以下の表のような形で用いられる（ただし，書き言葉や誰の所有物かが文脈上明確な場合は，「あなたたちの／彼（ら）の／彼女（ら）の」）の意で seu(s), sua(s) を用いることもある）。

			単　数		複　数	
			男　性	女　性	男　性	女　性
単数	1人称	私 (eu) の	meu	minha	meus	minhas
	3人称	あなた (você) の	seu	sua	seus	suas
		彼 (ele) の	dele (< de + ele)			
		彼女 (ela) の	dela (< de + ela)			
単数	1人称	私たち (nós) の	nosso	nossa	nossos	nossas
	3人称	あなたたち (vocês) の	de vocês			
		彼ら (eles) の	deles (< de + eles)			
		彼女ら (elas) の	delas (< de + elas)			

◎所有形容詞および「前置詞 de ＋所有者」の形を置く位置は以下の通り：
①「所有形容詞」を用いる場合
⇒（定冠詞）＋**所有形容詞**＋名詞句　（※ 定冠詞は省略可）
例）o **meu** carro / **meu** carro（私の車）　o **seu** carro / **seu** carro（あなたの車）
②「前置詞 de ＋所有者」の形を用いる場合
⇒定冠詞＋名詞句＋ **de** ＋**所有者**　（※ 定冠詞は省略不可）
例）o carro **dele**（彼の車）　　　o carro **de vocês**（あなたたちの車）

6.2. 所有代名詞

ポルトガル語では，「～のもの」を意味する所有代名詞は**所有形容詞と同じ形**を用いる。
例）Este carro é **meu**.（この車は**私のもの**だ）
　　Este carro é **dele**.（この車は**彼のもの**だ）

7 　指 示 詞

7.1. 指示形容詞

　物事を指し示すために用いられる形容詞で，**日本語の「この」，「その」，「あの」にほぼ相当**する。修飾する**名詞の性・数に合わせて語尾が変化（＝屈折）**する。

	単　　数		複　　数	
	男　性	女　性	男　性	女　性
話し手に近いものを指す：この	este	esta	estes	estas
聞き手に近いものを指す：その	esse	essa	esses	essas
両者から遠いものを指す：あの	aquele	aquela	aqueles	aquelas

　例） **este(s)** livro(s)　　（こ(れら)の本）　　　**esta(s)** casa(s)　　（こ(れら)の家）
　　　esse(s) livro(s)　　（そ(れら)の本）　　　**essa(s)** casa(s)　　（そ(れら)の家）
　　　aquele(s) livro(s)　（あ(れら)の本）　　　**aquela(s)** casa(s)　（あ(れら)の家）

◎指示形容詞の形は以下のように覚えておけばよい。

| この：**est-**
| その；**ess-**
| あの：**aquel-**

＋

	単　数	複　数
男　性	-e	-es
女　性	-a	-as

◎前置詞 **de, em, a** の直後に指示形容詞が来る場合，以下のように結合する。
　　＜ de ＋指示形容詞＞
　　　de ＋ este(s)　　→ **deste(s)**　　　　de ＋ esta(s)　　→ **desta(s)**
　　　de ＋ esse(s)　　→ **desse(s)**　　　　de ＋ essa(s)　　→ **dessa(s)**
　　　de ＋ aquele(s)　→ **daquele(s)**　　　de ＋ aquela(s)　→ **daquela(s)**
　　＜ em ＋指示形容詞＞
　　　em ＋ este(s)　　→ **neste(s)**　　　　em ＋ esta(s)　　→ **nesta(s)**
　　　em ＋ esse(s)　　→ **nesse(s)**　　　　em ＋ essa(s)　　→ **nessa(s)**
　　　em ＋ aquele(s)　→ **naquele(s)**　　　em ＋ aquela(s)　→ **naquela(s)**
　　＜ a ＋指示形容詞＞
　　　a　＋ aquele(s)　→ **àquele(s)**　　　　a　＋ aquela(s)　→ **àquela(s)**

7.2. 指示代名詞

　既に出た語句や文，または前後の関係からそれと分かるものを指し示す代名詞。**指示形容詞と同じ形**を用いて表される。
　　例）Minha casa é **esta**.（私の家は**これ**だ）
　　　　Qual é o seu livro, **este** ou **aquele**?（あなたの本は，**これ**と**あれ**のどちらですか?）

◎次の場合には，性・数変化のない指示代名詞である **isto**（これ），**isso**（それ），**aquilo**（あれ）が用いられる。

①何であるのか分からないものを指し示して，尋ねたり教えたりする場合。

　例）　A: − Que é **isto**?（**これ**は何ですか？）

　　　　B:− **Isso** é uma caneta.（**それ**はペンです）

②抽象概念を指し示す場合。

　例）　**Isto** é a vida.（**これ**が人生だ）　　　**Isso** é verdade.（**それ**は事実だ）

◎前置詞 **de, em, a** の直後に性・数変化のない指示代名詞が来る場合，以下のように**結合**する。

　　＜ de ＋性・数変化のない指示代名詞＞

　　　de + isto → **disto**　　　de + isso → **disso**　　　de + aquilo → **daquilo**

　　＜ em ＋性・数変化のない指示代名詞＞

　　　em + isto → **nisto**　　　em + isso → **nisso**　　　em + aquilo → **naquilo**

　　＜ a ＋性・数変化のない指示代名詞＞

　　　a + aquilo → **àquilo**

7.3. 指示副詞

aqui	話し手に近い所を指す	「ここ」
cá	話し手に近い所を漠然と指す	「こちら」
aí	聞き手に近い所を指す	「そこ」
ali	両者から離れた所を指す	「あそこ」
lá	ali よりもさらに離れた所を指す	「向こう」
acolá	見えないくらい遠い所を指す	「ずっと向こう」

◎前置詞 **de** の直後に指示副詞が来る場合，以下のように**結合**する。

　　de + aqui → **daqui**　　　de + aí → **daí**　　　de + ali → **dali**

8 　語　順

8.1. 肯定文

　基本的なポルトガル語の語順は，英語の語順とほぼ同じ「**主語＋動詞＋α**」と考えればよい。

例）

主　語	動　詞	＋ α	日本語訳
Os pássaros〔主語〕	cantam〔動詞〕	na gaiola.〔修飾語句〕	（かごの中で小鳥たちがさえずっている。）
Maria〔主語〕	é〔動詞〕	professora.〔補語〕	（マリアは女性教師だ。）
João〔主語〕	fala〔動詞〕	japonês .〔目的語〕	（ジョアンは日本語を話す。）

8.2. 否定文

肯定文から否定文を作るには，動詞の前に **não** を付ければよい。

例）João **não** <u>fala</u> japonês.（ジョアンは日本語を話さない。）

8.3. 疑問文

8.3.1. 疑問詞を伴わない疑問文

文末に「？」を付け，尻上がりに読む。語順は下記(a)のように［**主語＋動詞＋α**］でも下記 (b) のように［**動詞＋主語＋α**］でも，どちらでもよいが，会話では (a) の語順にする方が多い。

例）(a) <u>João</u>　<u>fala</u>　japonês?（↗）　（ジョアンは日本語を話しますか？）
　　　〔主語〕　〔動詞〕

　　(b) <u>Fala</u>　<u>João</u>　japonês?（↗）　（ジョアンは日本語を話しますか？）
　　　〔動詞〕　〔主語〕

◎また，答える場合は，**後続する文が肯定文なら Sim を，否定文なら Não を**用いる。特に，否定疑問文の場合は，**日本語の「はい」／「いいえ」とポルトガル語の Sim. / Não とが一致しないので注意！**

例）A: ‒ Maria é professora?（マリアは女性教師ですか？）

　　B: ‒ **Sim**, (ela) **é** professora.　／　**Não**, (ela) **não é** professora.

　　（はい，（彼女は）女性教師です。）／（いいえ，（彼女は）女性教師ではありません。）

　　A: ‒ Maria não é professora?（マリアは女性教師ではありませんか？）

　　B: ‒ **Sim**, (ela) **é** professora.　／　**Não**, (ela) **não é** professora.

　　（いいえ，（彼女は）女性教師です。）／（はい，（彼女は）女性教師ではありません。）

8.3.2. 疑問詞を伴う疑問文

疑問詞（→ p.132）を伴う疑問文の場合は，文末に「？」を付け，**尻下がりに読む。**なお，語順は下記(a)のように［**疑問詞＋動詞＋主語＋α**］の形が一般的ではあるが，下記 (b) のように［**疑問詞＋主語＋動詞＋α**］も用いられる。また，しばしば疑問文であることを強調するため，疑問詞の後に［é que］が挿入されることがある。

例）(a) Que　<u>é</u>　<u>isto</u>?（↘）（これは何ですか？）
　　　〔疑問詞〕〔動詞〕〔主語〕

　　(b) Onde (é que)　<u>você</u>　<u>mora</u>?（↘）（あなたは（一体）どこに住んでいるのですか？）
　　　〔疑問詞〕　　　〔主語〕　〔動詞〕

8.3.3. 付加疑問文

ポルトガル語の付加疑問文は，文末に " , **não é (verdade)**?" やその省略形 " , **né?**" を付ければよい。

例）João fala japonês, **não é?**（ジョアンは日本語を話します**ね？**）

　ポルトガル語の「動詞」は**法・時制・人称・数に応じて語尾が変化（＝活用）**する。このとき，変化する部分を「**活用語尾**」，変化しない部分を「**語幹**」と言う。

　　例）falar ＜ fal- ＋ -ar
　　　　　　　　　語幹　活用語尾

◎法・時制・人称・数に応じて活用した動詞の形を「**定形**」，活用していない動詞の形を「**不定形**」という。

◎ポルトガル語の「動詞」は不定形の活用語尾の形から，**-ar 動詞・-er 動詞・-ir 動詞**の３つに分類される（各動詞の活用形について詳しくは→ pp.109-115）。

◎ポルトガル語の動詞は，「自動詞」「他動詞」「再帰動詞」の３つに分類される。

　①**自動詞**：行為が他に及ばず，行為者の中だけで行為が完結する動詞。**直接目的語をとらない。**

　　例）ir（行く），andar（歩く），correr（走る），nadar（泳ぐ）etc.

　②**他動詞**：行為が他に及び，その行為の対象の位置または状態を変化させる動詞。**直接目的語をとる。**

　　例）levantar（起こす），quebrar（壊す），mandar（命じる，送る）etc.

　③**再帰動詞**：行為が行為者本人に及ぶ動詞。目的語に**再帰代名詞をとる。**

　　例）levantar-se（自分自身を起こす→起きる），
　　　　chamar-se（自分自身を～と呼ぶ→ ～という名前である）etc.

◎再帰代名詞は，意味的に英語 oneself に相当し，「～自身」の意を表す。通常-se の形で表されるが，主語の人称・数に合わせて下表のように変化する。

	単　数	複　数
１人称	me　私自身	nos　私たち自身
２人称	te　君自身	vos　君たち自身
３人称	se　　あなた自身／あなたたち自身 　　　彼自身／彼ら自身 　　　彼女自身／彼女ら自身 　　　それ自身／それら自身	

◎再帰代名詞の１人称と２人称は，目的格代名詞のそれと同じ形を用いる。

◎聞き手に対する再帰代名詞には，目的格代名詞の場合と同様の理由（→ p.158）から，２人称te/vos の代わりに，聞き手の性別／数には関係なくse が用いられる。

10 副　詞

　ポルトガル語では，**形容詞の女性・単数形に –mente を付けて副詞を作る**ことができる。

　　例）certo　（確かな）　→　certa**mente**（確かに）
　　　　fácil　（容易な）　→　facil**mente**（容易に）

見出し語索引

見出し語に登場する語彙を索引としてまとめました。それぞれの語彙の最初にある
数字は見出し語番号を、後の数字はページを表しています。

見出し語番号

ページ

Word		
chapéu	208	45
chave	215	46
chegar	345	80
chorar	346	80
chover	454	106
chuva	65	20
cinco	86	24
cinema	41	15
claro	285	60
coelho	144	37
cogumelo	157	38
colega	107	32
colher	187	42
com	513	136
começar	347	80
comer	407	96
comida	137	36
comissária de bordo	130	35
como	498	132
como	530	140
companhia	226	47
completamente	487	126
comprar	348	80
comprido	271	58
conhecer	422	98
conseguir	432	102
contente	304	66
continuar	349	80
contra	514	136
copo	40	15
copo	183	42
correio	228	47
correr	408	96
correto	315	68
cortar	350	80
cozinheiro	126	34
criança	49	17
criança	104	32
cruzamento	245	49
cubo	39	15
curto	272	58
custar	351	82
D d.C.	12	9
dançar	352	82
dar	442	104
de	515	136
dedo	14	10
defender	409	96
deixar	353	82
demais	485	124
depois	467	120
descansar	354	82
descer	423	100
desde	516	136
desejar	355	82
desvio	31	13
devagar	458	118
dever	410	96
difícil	299	64
dividir	419	98
dizer	436	102
DNA	9	9
doce	319	70
doer	435	102
dormir	429	100
durante	517	136
duro	277	58
DVD	2	8
E e	527	140
elefante	260	51
em	518	136
empurrar	356	82
encontrar	357	82
endereço	52	17
enfermeiro	120	34
enquanto	534	140
então	463	120
entender	411	96
entrar	358	82
entre	519	138
enviar	359	84
enxaqueca	70	21
equipe	46	16
errado	316	68
escola	225	47
escolher	412	96
escrever	413	96
escritor	127	35
escuro	286	60
especialmente	492	126
esperar	360	84
esquecer	424	100
esquina	244	49
estação	222	46
estar	441	104
estreito	280	60
estudante	122	34
estudar	361	84
EUA	5	9
exame	71	21
exatamente	488	126
exceto	520	138
F faca	186	42
fácil	300	64
falar	362	84
farmácia	238	48
fazer	438	102
fechar	363	84
feijão	156	38
feliz	77	22
feliz	303	66
ficar	364	84
figo	55	18
fim	19	11
fino	270	56
FMI	6	9
forte	275	58
foto	18	11
fraco	276	58
frango	142	36
frequente	45	16
frequentemente	472	122
fresco	317	68
frio	326	70
fruta	169	40
fumar	365	84
funcionário	123	34
fundo	281	60
futebol	102	27
G ganhar	366	84
garfo	185	42
gato	53	18
gato	256	51
gente	57	18
girafa	56	18
gordo	289	62
gostar	367	86
grande	265	56

gratuito	92	25	livraria	239	49	não	477	122
gravata	204	44	logo	460	118	nascimento	116	33
grosso	269	56	loja	232	48	navio	254	50
guarda-chuva	214	45	loja de departamentos	234	48	nenhum	508	134
H haver	443	104	longe	283	60	ninguém	510	134
HIV	7	9	louça	181	41	novo	295	64
homem	100	27	lua	25	12	nunca	475	122
homem	109	32	lula	147	37	**O** óculos	209	45
honra	34	14	luvas	217	46	olhar	377	88
hospital	64	20	**M** maçã	83	24	onde	496	132
hospital	227	47	maçã	172	40	ônibus	99	27
hotel	63	20	macaco	261	51	ônibus	248	50
hotel	231	48	macio	278	58	ontem	95	26
I idade	111	33	mãe	93	26	ou	529	140
idoso	114	33	magro	290	62	ouvir	428	100
imediatamente	461	118	mais	481	124	ovo	143	37
inteligente	307	66	mal	470	120	**P** p.s.	10	9
intérprete	129	35	mala	212	45	padaria	237	48
ir	452	106	manteiga	160	39	pagar	378	88
J já	462	118	mão	94	26	pão	158	38
jantar	134	35	marisco	146	37	papel	26	12
jantar	368	86	mas	528	140	para	521	138
jaqueta	200	44	mau	88	25	parar	379	88
jogar	369	86	mau	264	56	parque	240	49
jornalista	128	35	médico	119	34	partir	420	98
jovem	113	33	meias	205	44	passar	380	88
jovem	293	62	melancia	174	40	pássaro	262	51
L lápis	29	13	melão	173	40	pauzinhos	188	42
laranja	170	40	menino	112	33	PC	3	8
largo	279	60	menos	482	124	pegar	381	88
lata	23	12	mesa	30	13	peixe	72	21
lavar	370	86	metrô	251	50	peixe	145	37
leão	258	51	mochila	211	45	pensar	382	88
lei	89	25	molho	193	43	pepino	155	38
leite	24	12	morango	175	41	pequeno	266	56
lembrar	371	86	morar	375	88	perder	426	100
lentamente	459	118	morte	118	33	perguntar	383	90
lento	314	68	mostarda	194	43	perigoso	310	66
ler	446	104	mostrar	376	88	permitir	421	98
levantar	372	86	muito	97	26	perto	284	60
levar	373	86	muito	479	124	pesado	273	58
leve	274	58	mulher	110	32	pesar	384	90
ligar	374	86	mundo	87	24	pêssego	176	41
limão	178	41	museu	90	25	pessoa	32	13
limpo	291	62	museu	230	47	picante	321	70
lindo	287	62	**N** nada	509	134	pijama	207	45
linguista	59	19	namorado	108	32	pintor	125	34

pobre	298	64	reservar	388	90
poder	427	100	responder	414	96
podre	318	68	rico	297	64
põe	96	26	rir	447	106
polícia	82	23	roubar	389	90
polvo	148	37	rua	242	49
pombo	16	10	**S** saber	433	102
ponto de ônibus	223	47	saia	198	43
por	522	138	sair	440	104
pôr	451	106	sal	189	42
por que	497	132	sala	221	46
porco	141	36	salgado	320	70
porque	531	140	sangue	62	19
pouco	480	124	sapatos	206	44
praça	241	49	sapo	28	13
prato	182	41	se	532	140
preguiça	61	19	seguir	431	102
preguiçoso	311	68	segurar	390	90
primeiro	478	122	seguro	309	66
procurar	385	90	sem	523	138
professor	121	34	semáforo	246	49
proibir	444	104	sempre	471	122
provavelmente	491	126	sentar-se	391	92
pudim	180	41	sentir	430	100
puxar	386	90	ser	453	106
Q QI	8	9	serra	35	14
quadro	43	16	sexta-feira	69	21
qual	501	132	sim	476	122
quando	495	132	simpático	308	66
quando	533	140	sob	524	138
quanto	502	132	sobre	525	138
quase	484	124	sobremesa	136	36
que	499	132	sopa	135	36
quebrar	387	90	sorvete	179	41
queda	47	16	subir	445	104
queijo	161	39	suco	166	39
quem	500	132	sujo	292	62
quente	325	70	supermercado	233	48
querer	434	102	**T** talvez	490	126
R rapidamente	457	118	também	468	120
rápido	313	68	tanto	84	24
raramente	474	122	tão	486	124
raso	282	60	tarde	456	118
rato	33	14	táxi	249	50
realmente	493	126	tempo	85	24
refeição	131	35	tentar	392	92
relógio	216	46	ter	448	106

terno	195	43
tigre	259	51
tímido	312	68
tirar	393	92
tocar	394	92
todo	503	134
tomar	395	92
tomate	15	10
tomate	152	38
tornar-se	396	92
torrada	159	39
trabalhar	397	92
tranquilo	44	16
trazer	437	102
trem	250	50
triste	306	66
trocar	398	92
tudo	504	134
U UE	4	8
unha	67	20
usar	399	94
uva	171	40
V vaca	140	36
velho	294	62
vencer	425	100
vender	415	98
vento	21	11
ver	450	106
verdura	151	38
vestido	196	43
viajar	400	94
vida	20	11
vida	115	33
vinagre	191	43
vinho	167	40
vir	449	106
virar	401	94
visitar	402	94
viver	416	98
voltar	403	94
X xícara	68	21
xícara	184	42
Z zebra	73	22
zero	74	22

改訂版
キクタン ブラジル・ポルトガル語
【入門編】
基本500語レベル

発行日	2013年12月27日(初版)
	2024年 3月13日(改訂版)
著者	福森 雅史
編集	株式会社アルク 出版編集部
アートディレクション	細山田光宣
カバーデザイン	野村彩子／柏倉美地 (細山田デザイン事務所)
デザイン	奥山和典 (酒冨デザイン)
イラスト	(本文) 奥山和典 (酒冨デザイン)
	(帯) 白井匠 (白井図画室)
DTP	株式会社創樹
校正・編集協力	三浦マリエ
ナレーション	野中モニカ／加美幸伸／三浦マリエ
音楽制作・編集	Niwaty
録音	株式会社フライムフラップ
印刷・製本	シナノ印刷株式会社
発行者	天野智之
発行所	株式会社アルク
	〒102-0073 東京都千代田区九段北4-2-6 市ヶ谷ビル
	Website https://www.alc.co.jp/
著者プロフィール	福森 雅史 (ふくもり まさふみ)
	現在：立命館大学非常勤講師・近畿大学非常勤講師・
	太成学院大学兼任講師・京都外国語専門学校非常勤講師

※この書籍は2013年12月刊行の『キクタン ブラジル・ポルトガル語【入門編】』を改訂したものです。

落丁本・乱丁本は弊社にてお取り替えいたしております。
Webお問い合わせフォームにてご連絡ください。
https://www.alc.co.jp/inquiry

地球人ネットワークを創る

アルクのシンボル
「地球人マーク」です。